Die Erfindung von All you can eat

Schlemmen, völlern und Gelage

Eine Betrachtung

von

Lutz Spilker

DIE ERFINDUNG VON ALL YOU CAN EAT – SCHLEMMEN, VÖLLERN UND GELAGE

Bibliografische Information der Deutschen Nationalbibliothek:
Die Deutsche Nationalbibliothek verzeichnet diese Publikation in der Deutschen Nationalbibliografie; detaillierte bibliografische Daten sind im Internet über http://dnb.dnb.de abrufbar.

Softcover ISBN: 978-3-384-33236-3
Ebook ISBN: 978-3-384-33237-0

© 2024 by Lutz Spilker
https://www.webbstar.de
Druck und Distribution im Auftrag des Autors:
tredition GmbH, An der Strusbek 10, 22926 Ahrensburg, Germany

Inhalt

Der Unterschied zwischen
»All You Can Eat«
und essen bei Oma?

Beim »All You Can Eat«
bestimmst du,
wann du satt bist.

Volksweisheit

Vorwort

Die Geschichte der menschlichen Ernährung ist so alt wie die Menschheit selbst und spiegelt in vielerlei Hinsicht den Wandel von Kultur, Gesellschaft und Technologie wider. Vom einfachen Jagen und Sammeln über das gemeinsame Mahl am Lagerfeuer bis hin zu den komplexen kulinarischen Traditionen der Gegenwart haben sich unsere Essgewohnheiten im Laufe der Jahrhunderte ständig weiterentwickelt. Eine der bemerkenswertesten Entwicklungen der modernen Gastronomie ist zweifellos das ›All you can eat‹-Konzept – eine Form des Buffets, die sowohl Erstaunen als auch Kontroversen hervorruft.

›Die Erfindung von All you can eat‹ ist mehr als nur eine Geschichte über die Einführung eines neuen Gastronomiemodells. Es ist ein Einblick in die tief verwurzelten Bedürfnisse und Wünsche des Menschen, in die Art und Weise, wie wir unsere Mahlzeiten gestalten, und in die wirtschaftlichen und kulturellen Strukturen, die dieses Konzept möglich gemacht haben. Das ›All you can eat‹-Buffet ist ein Phänomen, das nicht nur die Art und Weise, wie wir essen, verändert hat, sondern auch unser Verständnis von Überfluss, Konsum und Genuss.

Das ›All you can eat‹-Modell, das seine Wurzeln in den 1950er Jahren in den USA hat, ist heute weltweit verbreitet und in verschiedensten Formen und Kulturen anzutreffen. Was einst als Marketingstrategie begann, um mehr Gäste in Hotels und Restaurants zu locken, hat sich zu einer festen Größe in der globalen Gastronomielandschaft entwickelt. Es bietet den Gästen die Möglichkeit, für einen festen Preis unbegrenzt zu essen – ein Angebot, das für viele Menschen unwiderstehlich ist und tief in das menschliche Verlangen nach Freiheit und Selbstbestimmung eindringt.

Doch warum ist dieses Konzept so erfolgreich? Was macht es so attraktiv, dass es sich in so vielen verschiedenen Kulturen und Gesellschaften etablieren konnte? In diesem Buch werden wir uns auf eine Reise begeben, um diese Fragen zu beantworten. Wir werden die historischen Ursprünge des ›All you can eat‹-Buffets erkunden, die psychologischen Mechanismen hinter seiner Beliebtheit analysieren und die wirtschaftlichen und sozialen Faktoren untersuchen, die zu seiner weltweiten Verbreitung geführt haben.

Ein Element des Erfolgs dieses Konzepts liegt in seiner Einfachheit. Ein Buffet bietet eine scheinbar endlose Auswahl an Speisen, von denen jeder Gast nach Belieben kosten kann. Es gibt keine festen Portionen, keine strengen Menüvorgaben – nur die Freiheit, das zu nehmen, worauf man gerade Lust hat. Diese Freiheit ist es, die das ›All you can eat‹-Buffet so verlockend macht. Es bietet ein Gefühl des Überflusses und der Sättigung, das in einer Welt, in der Ressourcen oft knapp sind und Einschränkungen die Norm sind, besonders attraktiv ist.

Ein weiterer Schlüssel zu seinem Erfolg ist das geschickte Spiel mit der menschlichen Gier und dem Verlangen nach

Mehr. Das Buffet weckt das Bedürfnis, möglichst viel zu bekommen, und gleichzeitig bietet es eine Umgebung, in der dieses Verhalten sozial akzeptiert und sogar erwartet wird. Es schafft eine Atmosphäre, in der Maßlosigkeit nicht nur erlaubt, sondern auch gefeiert wird – ein Raum, in dem die üblichen sozialen Normen und Einschränkungen aufgehoben scheinen.

Gleichzeitig ist das ›All you can eat‹-Buffet kein moralisches Experiment. Es ist eine praktische Lösung für die Bedürfnisse von Restaurants und Hotels, eine Möglichkeit, große Mengen an Gästen zu bedienen und gleichzeitig die Kosten im Griff zu behalten. Die Gäste schätzen den festen Preis und die Gewissheit, dass sie immer das bekommen, was sie wollen, während die Betreiber von der Effizienz und den hohen Tischumsätzen profitieren. Es ist ein symbiotisches Verhältnis, das auf den ersten Blick simpel erscheint, bei näherer Betrachtung jedoch eine komplexe und raffinierte Dynamik offenbart.

In diesem Buch wird keine Kalorientabelle auftauchen, keine Nährwertanalysen, die das Gewicht des Buffets auf die Waage der Moral legen. Hier geht es nicht darum, den Leser zu belehren oder zu einem bestimmten Ernährungsverhalten zu bekehren. Vielmehr soll dieses Werk ein tieferes Verständnis für das ›All you can eat‹-Konzept schaffen, indem es die verschiedenen Facetten und Hintergründe beleuchtet, die zu seiner Erfindung und seinem anhaltenden Erfolg geführt haben.

Wie die B-Seiten einer Schallplatte, die oft weniger beachtet werden als die Hits auf der A-Seite, hat auch das ›All you can eat‹-Buffet seine eigenen Geschichten und Geheimnisse, die es wert sind, entdeckt zu werden. Wir laden Sie ein, diese Geschichten mit uns zu erforschen, um zu verstehen, wie ein einfaches Buffet zu einem weltweiten Phänomen wurde, das die Art und Weise, wie wir essen, für immer verändert hat.

Die Ursprünge der
Gemeinschaftsverpflegung

Die Geschichte der Menschheit ist untrennbar mit der Geschichte des Essens verbunden. Seit den Anfängen der Zivilisation haben gemeinsame Mahlzeiten eine zentrale Rolle im sozialen Leben der Menschen gespielt. Essen war nie nur eine Notwendigkeit; es war auch ein Akt der Gemeinschaft, ein Moment des Zusammenkommens und des Teilens. Die Art und Weise, wie Menschen sich zu Tisch versammelten, spiegelt nicht nur ihre kulturellen und gesellschaftlichen Strukturen wider, sondern auch ihre wirtschaftlichen und technologischen Entwicklungen. In diesem Kapitel werfen wir einen Blick zurück auf die Ursprünge der Gemeinschaftsverpflegung und die Evolution von Buffets und Selbstbedienungskonzepten.

Vom Lagerfeuer zum Festmahl

Die ersten Spuren gemeinschaftlicher Mahlzeiten finden sich in den frühesten menschlichen Siedlungen. Bereits die Jäger und Sammler der Steinzeit versammelten sich um das Feuer, um das erlegte Wild zu teilen. Dieses gemeinsame Essen war nicht nur eine Notwendigkeit des Überlebens, sondern auch ein Akt der sozialen Bindung. Am Lagerfeuer wurden Geschichten erzählt, Allianzen geschmiedet und das Überleben gesichert.

Das Teilen von Nahrung schuf Vertrauen und stärkte die Gemeinschaft.

Mit der Entwicklung der Landwirtschaft und der Sesshaftwerdung der Menschen änderte sich auch die Art und Weise, wie gegessen wurde. Die ersten Dörfer und Städte entstanden, und mit ihnen die Notwendigkeit, größere Gruppen von Menschen zu ernähren. Die gemeinschaftliche Verpflegung nahm neue Formen an: Dorfversammlungen, bei denen die Ernte geteilt wurde, und religiöse Feste, bei denen große Mengen an Nahrung zubereitet und gemeinsam verzehrt wurden, sind frühe Beispiele für die wachsende Bedeutung des gemeinsamen Essens.

Die Antike:

Festbankette und Symposien

In der Antike erreichten gemeinschaftliche Mahlzeiten eine neue Stufe der Raffinesse. In den großen Zivilisationen des Mittelmeerraums, wie Ägypten, Griechenland und Rom, wurden Festbankette zu wichtigen gesellschaftlichen Ereignissen. Diese Festmahle waren nicht nur Gelegenheit zur Nahrungsaufnahme, sondern auch zum Austausch von Ideen, zur politischen Diskussion und zur kulturellen Unterhaltung.

Die Griechen entwickelten das Konzept des Symposions, einer Mischung aus Trinkgelage und intellektuellem Austausch. Diese Veranstaltungen waren den wohlhabenden Bürgern vorbehalten und fanden in einem privaten Rahmen statt. Die Teilnehmer lagen auf Klinen (Liegeflächen) und genossen verschiedene Gänge, die von Sklaven serviert wurden. Zwischen den Gängen wurden Wein getrunken und Gespräche über Philosophie, Kunst und Politik geführt. Das Symposion war eine wichtige Institution der griechischen Gesellschaft, die das Zusammengehörigkeitsgefühl stärkte und zur kulturellen Weiterentwicklung beitrug.

In Rom entwickelten sich ähnliche Formen der gesellschaftlichen Verpflegung. Die römischen Bankette (convivia) waren üppige Veranstaltungen, bei denen mehrere Gänge serviert wurden und die oft über Stunden dauerten. Auch hier stand nicht nur das Essen im Mittelpunkt, sondern auch das Beisammensein und die soziale Interaktion. Die Römer legten großen Wert auf Gastfreundschaft (hospitium), und das gemeinsame Mahl wurde als Zeichen von Wohlstand und Kultur angesehen. Die Bankette der Römer waren oft verschwenderisch und demonstrierten den Reichtum und die Macht der Gastgeber.

Mittelalterliche Gelage und die Anfänge des Buffets

Im Mittelalter änderten sich die Formen der gemeinschaftlichen Mahlzeiten erneut. Die großen Bankette der antiken Welt wichen einfacheren, aber nicht minder wichtigen Festessen, die in den Burgen und Herrenhäusern der Feudalgesellschaft stattfanden. Diese Festmähler waren oft religiös motiviert und fanden im Rahmen von Feierlichkeiten wie Hochzeiten, Taufen und religiösen Feiertagen statt.

Ein wichtiger Aspekt dieser mittelalterlichen Gelage war die Vorstellung der Großzügigkeit. Adelige und Herrscher demonstrierten ihren Reichtum und ihre Macht, indem sie ihre Gäste mit einer Fülle von Speisen versorgten. Diese Mahlzeiten waren oft so reichhaltig, dass die Gäste nicht alles verzehren konnten – ein Vorgeschmack auf das, was später zum ›All you can eat‹-Konzept werden sollte. Die Vorstellung, dass der Gastgeber unbegrenzt Nahrung anbieten kann, war tief in der Gesellschaft verwurzelt und diente dazu, soziale Hierarchien zu festigen und Loyalitäten zu stärken.

Die Idee des Buffets, wie wir es heute kennen, nahm in dieser Zeit erste Formen an. In den nordeuropäischen Ländern, besonders in Schweden, entwickelte sich im 16. Jahrhundert das Konzept des ›Smörgåsbord‹. Ursprünglich handelte es sich dabei um eine einfache Mahlzeit aus Brot, Butter und verschiedenen Beilagen, die den Gästen vor dem eigentlichen Abendessen serviert wurde. Mit der Zeit wurde das Smörgåsbord immer umfangreicher und entwickelte sich zu einer vollwertigen Mahlzeit, die die Grundlage für das moderne Buffet legte.

Das Buffet in der Renaissance und im Barock

Mit der Renaissance und dem Barock erlebten die Bankette eine neue Blütezeit. In den Höfen Europas, besonders in Frankreich, wurde das Essen zu einer kunstvollen Inszenierung. Die adeligen Haushalte veranstalteten opulente Feste, bei denen das Essen nicht nur zum Genuss, sondern auch zur Schau diente. In dieser Zeit entstand das Konzept des ›Service à la française‹, bei dem alle Speisen gleichzeitig auf dem Tisch präsentiert wurden. Die Gäste konnten sich nach Belieben bedienen, was einen gewissen Vorläufer des modernen Buffets darstellt.

Dieses System erlaubte den Gästen, eine Vielzahl von Speisen zu probieren und sich ihre eigenen Mahlzeiten zusammenzustellen. Es war ein Zeichen des Wohlstands und der Raffinesse, mehrere Gerichte gleichzeitig anbieten zu können. Diese Form des Servierens verbreitete sich schnell in den adeligen Kreisen Europas und wurde zum Standard für festliche Anlässe.

Im 18. Jahrhundert wurde das ›Service à la russe‹ populär, bei dem die Speisen in einer festgelegten Reihenfolge serviert wurden. Während dies das Buffet-ähnliche Konzept des Service à la française in den Hintergrund drängte, blieb die Idee der Selbstbedienung in bestimmten Kontexten bestehen, insbesondere bei größeren gesellschaftlichen Veranstaltungen und Empfängen.

Das 19. Jahrhundert:

Die Entstehung des modernen Buffets

Das 19. Jahrhundert brachte mit der Industrialisierung und der Urbanisierung tiefgreifende Veränderungen in der Gesellschaft mit sich, die sich auch auf die Art und Weise auswirkten, wie Menschen speisten. Die wachsende Mittelschicht und die Verfügbarkeit von mehr Freizeit führten zur Popularität von Restaurants und Cafés, die neue Formen der Verpflegung anboten.

In dieser Zeit entstanden die ersten modernen Buffets. Hotels, insbesondere in den USA und Europa, begannen, Frühstücks- und Mittagsbuffets anzubieten, bei denen die Gäste eine Auswahl an Speisen gegen eine feste Gebühr genießen konnten. Diese Buffets boten eine praktische Lösung für die Verpflegung großer Gruppen und wurden besonders in Ferienresorts und bei großen gesellschaftlichen Anlässen beliebt.

Das Buffet als Konzept passte perfekt zur modernen Gesellschaft, die zunehmend Wert auf Effizienz, Vielfalt und Flexibilität legte. Die Gäste konnten ihre Mahlzeiten nach ihrem eigenen Geschmack und in ihrem eigenen Tempo gestalten, was das Buffet zu einer beliebten Wahl für verschiedenste Anlässe machte.

Der Weg zum ›All you can eat‹

Die Grundlagen für das ›All you can eat‹-Konzept waren somit bereits im 19. Jahrhundert gelegt. Die Kombination aus Selbstbedienung, Vielfalt und sozialer Interaktion machte das Buffet zu einem attraktiven Angebot für viele Menschen. Mit dem Aufkommen der modernen Gastronomie in der ersten Hälfte des 20. Jahrhunderts entwickelte sich dieses Konzept weiter und fand schließlich in den 1950er Jahren in den USA seine endgültige Form.

Die Idee, den Gästen unbegrenzten Zugang zu einer Vielzahl von Speisen zu einem festen Preis zu bieten, revolutionierte die Gastronomie. Es war ein Modell, das sowohl wirtschaftlich erfolgreich war als auch das Bedürfnis der Gäste nach Freiheit und Genuss befriedigte. Die Evolution des Buffets und die damit verbundene Entwicklung des ›All you can eat‹-Konzepts sind nicht nur ein Spiegelbild der kulinarischen Geschichte, sondern auch der sozialen und kulturellen Veränderungen, die die Moderne prägen.

Dieses Kapitel hat gezeigt, wie die gemeinschaftliche Verpflegung von den frühesten Zeiten der Menschheit bis hin zu den opulenten Banketten der Antike und der Renaissance eine zentrale Rolle im sozialen Leben gespielt hat. Die Entwicklung von Buffets und Selbstbedienungskonzepten war eine natürliche Weiterentwicklung dieser Traditionen und bereitete den Weg für das ›All you can eat‹, das im nächsten Kapitel ausführlich behandelt wird.

Das erste Buffet

Eine historische Perspektive

Im Laufe der Jahrhunderte hat sich die Art und Weise, wie Menschen gemeinsam speisen, kontinuierlich weiterentwickelt. Das Buffet, wie wir es heute kennen, ist das Ergebnis dieser langen kulinarischen Evolution, die tief in der Geschichte verwurzelt ist. Während das moderne Buffet ein fester Bestandteil der Gastronomie ist, reichen seine Ursprünge weit zurück in die Vergangenheit. Besonders die Entwicklungen im 16. und 17. Jahrhundert spielten eine entscheidende Rolle in der Entstehung des Buffets und legten den Grundstein für seine spätere Popularität in der weltweiten Gastronomie.

Die Ursprünge des Buffets im 16. Jahrhundert

Das 16. Jahrhundert war eine Zeit des Wandels und der Entdeckungen. In Europa blühte die Renaissance auf, eine Epoche, die durch eine Wiederbelebung der Künste, der Wissenschaften und auch der kulinarischen Kultur geprägt war. In dieser Zeit entstand eine neue Form der Essenspräsentation, die den Gästen nicht nur eine Vielfalt an Speisen bot, sondern auch eine neue Art des gesellschaftlichen Beisammenseins ermöglichte. Diese Entwicklung markierte den Beginn dessen, was später als Buffet bekannt werden sollte.

Eines der frühesten bekannten Beispiele für ein Buffet stammt aus Schweden und ist als ›Smörgåsbord‹ bekannt. Ursprünglich bedeutete dieses Wort ›Brot und Butter-Tisch‹ und bezeichnete eine einfache Mahlzeit, bei der verschiedene Brotsorten, Butter und eine Auswahl an Aufschnitt, Fisch und Käse auf einem Tisch bereitgestellt wurden. Die Gäste konnten sich nach Belieben bedienen, was eine flexible und zwanglose Art des Essens darstellte. Das Smörgåsbord wurde zunächst als Vorspeise vor dem eigentlichen Abendessen serviert und diente dazu, den Appetit anzuregen.

Im Laufe der Zeit wurde das Smörgåsbord immer umfangreicher und vielfältiger. Besonders in den wohlhabenden Schichten der schwedischen Gesellschaft entwickelte es sich zu einer kunstvollen Inszenierung, bei der zahlreiche Gerichte aufwändig präsentiert wurden. Diese Tradition des Smörgåsbords beeinflusste später die Entwicklung von Buffets in anderen Teilen Europas und legte den Grundstein für das moderne Buffetkonzept.

Die Entwicklung des Buffets im 17. Jahrhundert

Das 17. Jahrhundert brachte eine weitere Verfeinerung des Buffets mit sich. In Frankreich, das zu dieser Zeit als das kulturelle Zentrum Europas galt, entwickelte sich eine neue Form der Essenspräsentation, die als ›Service à la française‹ bekannt wurde. Dieses Servierstil spielte eine zentrale Rolle in der Geschichte des Buffets und hatte einen bedeutenden Einfluss auf die europäische Gastronomie.

Beim Service à la française wurden alle Speisen gleichzeitig auf dem Tisch platziert, und die Gäste konnten sich nach Belieben bedienen. Dies war eine Abkehr von der vorherigen Praxis, bei der die Speisen in einer festen Reihenfolge serviert wurden. Der Tisch war reich gedeckt mit einer Vielzahl von Gerichten, die kunstvoll arrangiert waren. Die Präsentation der Speisen war ebenso wichtig wie deren Geschmack, und die Anordnung der Gerichte sollte den Reichtum und die Großzügigkeit des Gastgebers demonstrieren.

Das Service à la française war besonders in den adeligen Kreisen beliebt und wurde bei großen Festen und offiziellen Anlässen eingesetzt. Diese Art des Servierens ermöglichte es den Gästen, eine Vielzahl von Gerichten zu probieren und sich ihre eigenen Mahlzeiten zusammenzustellen, was eine gewisse Individualität und Freiheit beim Essen förderte. Darüber hinaus ermöglichte es dem Gastgeber, eine größere Zahl von Gästen gleichzeitig zu bewirten, was in der höfischen Gesellschaft des 17. Jahrhunderts von großer Bedeutung war.

Die Verbreitung des Service à la française in ganz Europa trug dazu bei, das Buffetkonzept zu popularisieren. In den Adelshöfen von Frankreich, England und Deutschland wurden Buffets zunehmend zu einem festen Bestandteil großer Feste und Empfänge. Die Flexibilität und die Vielfalt, die ein Buffet bot, machten es zu einer attraktiven Option für Gastgeber, die ihre Gäste beeindrucken wollten.

Das Buffet als kulturelles Symbol

Im 17. Jahrhundert wurde das Buffet zu einem Symbol für Wohlstand und Kultur. Die üppigen Buffets, die bei den Festen der europäischen Adelshöfe präsentiert wurden, waren nicht nur eine Möglichkeit, Gäste zu bewirten, sondern auch eine Demonstration von Macht und Reichtum. Die kunstvoll arrangierten Buffets waren Ausdruck des sozialen Status und der kulturellen Raffinesse des Gastgebers. Die Präsentation der Speisen wurde zu einer Kunstform, bei der nicht nur der Geschmack, sondern auch das Aussehen der Gerichte im Mittelpunkt stand.

In dieser Zeit entwickelte sich auch die Vorstellung, dass ein gelungenes Buffet die Großzügigkeit und Gastfreundschaft des Gastgebers widerspiegelte. Ein reich gedecktes Buffet war ein Zeichen dafür, dass der Gastgeber keine Kosten scheute, um seinen Gästen das Beste zu bieten. Diese Vorstellung prägte das Buffetkonzept nachhaltig und trug dazu bei, dass es sich in der europäischen Gesellschaft etablierte.

Das Buffet bot nicht nur eine neue Art des Speisens, sondern auch eine neue Form des sozialen Miteinanders. Die Gäste konnten sich ungezwungen am Buffet bedienen und dabei miteinander ins Gespräch kommen. Diese zwanglose Atmosphäre unterschied sich deutlich von den formellen Dinnerpartys, bei denen die Gäste an ihren Plätzen bedient wurden und nur begrenzt miteinander interagieren konnten. Das Buffet ermöglichte es den Gästen, sich freier zu bewegen und in einer entspannten Umgebung miteinander zu kommunizieren.

Der Einfluss auf die moderne Gastronomie

Die Entwicklung des Buffets im 16. und 17. Jahrhundert hatte einen nachhaltigen Einfluss auf die moderne Gastronomie. Die Grundprinzipien des Buffets – die Vielfalt der Speisen, die Selbstbedienung und die soziale Interaktion – sind auch heute noch zentrale Elemente in der Gastronomie. Das Buffet bietet eine flexible und vielseitige Möglichkeit, große Gruppen von Menschen zu bewirten und ihnen eine breite Palette an kulinarischen Erlebnissen zu bieten.

In der modernen Gastronomie hat sich das Buffet zu einem weit verbreiteten Konzept entwickelt, das in vielen verschiedenen Kontexten eingesetzt wird. Von Hotelrestaurants und Kreuzfahrtschiffen bis hin zu Hochzeiten und Firmenfeiern – das Buffet ist aus der heutigen Gastronomie nicht mehr wegzudenken. Es bietet eine praktische Lösung für die Bewirtung großer Gruppen und ermöglicht es den Gästen, ihre Mahlzeiten nach ihren eigenen Vorlieben zusammenzustellen.

Darüber hinaus hat das Buffet in der modernen Gastronomie auch an Bedeutung als wirtschaftliches Modell gewonnen. Für Restaurants und Veranstaltungsorte bietet das Buffet eine kosteneffiziente Möglichkeit, eine große Anzahl von Gästen zu bewirten, während gleichzeitig die Kosten für Personal und Service reduziert werden. Die Flexibilität und die Effizienz des Buffets machen es zu einer attraktiven Option für viele Gastronomiebetriebe.

Das 16. und 17. Jahrhundert legte die Grundlage für das Buffet, wie wir es heute kennen. Die Entwicklungen in dieser Zeit prägten die Art und Weise, wie Speisen präsentiert und konsumiert wurden, und hatten einen tiefgreifenden Einfluss auf die europäische und später auch auf die globale Gastronomie. Das Buffet wurde zu einem Symbol für Gastfreundschaft, Wohlstand und kulturelle Raffinesse – und bleibt es bis heute.

Der amerikanische Traum und die Geburt des ›All you can eat‹

Das Amerika des 20. Jahrhunderts war ein Land im Aufbruch, geprägt von wirtschaftlichem Wachstum, technologischem Fortschritt und einem zunehmenden Glauben an den ›amerikanischen Traum‹. Dieser Traum, der die Hoffnung auf Wohlstand, Freiheit und ein besseres Leben verkörperte, spiegelte sich in nahezu allen Bereichen der Gesellschaft wider, einschließlich der Gastronomie. In diesem Umfeld entstand das ›All you can eat -Konzept, das in seiner Entstehung eng mit der Kultur des Überflusses und dem Wunsch nach unbegrenzten Möglichkeiten verknüpft ist.

Der amerikanische Traum und das Zeitalter des Überflusses

Der amerikanische Traum, tief verwurzelt im kollektiven Bewusstsein der Nation, propagierte die Idee, dass jeder – unabhängig von seiner Herkunft – durch harte Arbeit und Entschlossenheit Erfolg und Wohlstand erlangen könne. Im 20. Jahrhundert gewann dieser Traum an Bedeutung, insbesondere nach dem Zweiten Weltkrieg, als die Vereinigten Staaten eine Phase beispiellosen wirtschaftlichen Wachstums erlebten. Die industrielle Produktion florierte, und mit dem Aufschwung in der Wirtschaft stieg auch der Lebensstandard der amerikanischen Bevölkerung.

Der wachsende Wohlstand führte zu einer neuen Kultur des Konsums. Amerikaner konnten es sich leisten, mehr zu kaufen, als sie tatsächlich benötigten, und dies spiegelte sich in einer Vielzahl von Lebensbereichen wider – vom Besitz mehrerer Autos bis hin zur Errichtung riesiger Einkaufszentren. Die Vorstellung, dass es immer mehr geben sollte, wurde zum Symbol des Fortschritts und des persönlichen Erfolgs. Diese Kultur des Überflusses beeinflusste auch das gastronomische Angebot des Landes.

In den 1950er Jahren, einer Zeit des relativen Friedens und wirtschaftlicher Sicherheit, begann die Gastronomiebranche, sich den neuen Bedürfnissen und Wünschen der Konsumenten anzupassen. Die Amerikaner entwickelten eine Vorliebe für Bequemlichkeit und Fülle. Während Fast-Food-Ketten wie McDonald's und Burger King den schnellen, praktischen Bissen für unterwegs boten, entstand parallel dazu ein Konzept, das die Idee der Fülle und des Überflusses auf die Spitze trieb: das ›All you can eat‹-Buffet.

Die Geburt des ›All you can eat‹-Konzepts

Die ersten ›All you can eat‹-Buffets tauchten in den späten 1940er und frühen 1950er Jahren in Las Vegas auf, einer Stadt, die wie keine andere für Überfluss und Extravaganz stand. Es war die perfekte Umgebung für ein gastronomisches Konzept, das die Vorstellung von unbegrenztem Genuss und maximaler Auswahl verkörperte. Im Mittelpunkt dieses neuen Trends stand die Idee, dass der Gast für einen festen Preis so viel essen konnte, wie er wollte – ohne Begrenzungen und ohne Hemmungen.

Das erste ›All you can eat‹-Buffet wurde im Hotel ›El Rancho Vegas‹ eingeführt, einem der ersten großen Resorts am berühmten Las Vegas Strip. Das Konzept war einfach, aber revolutionär: Für einen festen Preis konnten die Gäste an einem üppigen Buffet teilnehmen, das eine Vielzahl von Gerichten bot – von traditionellen amerikanischen Speisen bis hin zu internationalen Spezialitäten. Das Buffet war rund um die Uhr geöffnet, was es den Gästen ermöglichte, jederzeit zu essen und sich an der schier endlosen Auswahl an Speisen zu erfreuen.

Dieses neue Konzept war ein sofortiger Erfolg. Es sprach nicht nur das Bedürfnis nach Bequemlichkeit an, sondern auch die tiefer liegenden Wünsche nach Überfluss und Selbstverwirklichung, die den amerikanischen Traum prägten. Das ›All you can eat‹-Buffet wurde schnell zu einem festen Bestandteil der Hotel- und Casinoindustrie in Las Vegas und zog Gäste aus der ganzen Welt an, die sich nach der Freiheit und dem Überfluss sehnten, den diese Buffets verkörperten.

Die Psychologie des Überflusses

Der Erfolg des ›All you can eat‹-Konzepts lässt sich nicht nur durch den wirtschaftlichen Aufschwung und die Kultur des Konsums erklären, sondern auch durch die tief verwurzelten psychologischen Mechanismen, die den menschlichen Appetit und das Verhalten steuern. Der Überfluss an Nahrung und die

Freiheit, so viel zu essen, wie man wollte, ohne ein Gefühl von Schuld oder Mangel, sprach grundlegende menschliche Instinkte an.

In einer Zeit, in der die meisten Amerikaner keinen Mangel mehr erleiden mussten, wurde das ›All you can eat‹-Buffet zu einer symbolischen Manifestation des Überflusses. Es bot eine Möglichkeit, diesen Überfluss physisch zu erfahren und gleichzeitig das Gefühl von Freiheit und Selbstbestimmung zu genießen, das der amerikanische Traum versprach. Die Gäste konnten sich nach Belieben bedienen, verschiedene Gerichte probieren und ihre Teller immer wieder auffüllen – ein Luxus, der für frühere Generationen unvorstellbar gewesen wäre.

Die Buffetkultur ermutigte auch zu einer Art sozialer Gleichheit. Am Buffet standen alle Gäste gleichberechtigt nebeneinander, unabhängig von sozialem Status oder Herkunft. Jeder hatte die gleiche Möglichkeit, sich zu bedienen und seine Vorlieben auszuleben. In diesem Sinne verkörperte das ›All you can eat‹-Buffet nicht nur den amerikanischen Traum vom Wohlstand für alle, sondern auch die Ideale von Freiheit und Gleichheit, die die Nation definieren.

Die Verbreitung und Popularisierung des ›All you can eat‹-Konzepts

Was in den 1950er Jahren in Las Vegas begann, breitete sich bald auf den gesamten amerikanischen Kontinent aus. Das ›All you can eat‹-Konzept fand Anklang bei einer breiten Bevölkerungsschicht und wurde schnell in verschiedenen gastronomischen Betrieben adaptiert – von Hotelrestaurants und Familienrestaurants bis hin zu Themenbuffets und internationalen Ketten.

Die Popularität des ›All you can eat‹-Buffets beruhte auf mehreren Faktoren. Zum einen bot es eine unvergleichliche Auswahl an Speisen zu einem festen Preis, was es für Familien und Gruppen besonders attraktiv machte. Zum anderen ermöglichte es den Gästen, sich ihren eigenen kulinarischen Erfahrungen hinzugeben und eine Vielzahl von Gerichten zu probieren, ohne sich auf ein einziges Menü festlegen zu müssen. Diese Freiheit und Vielfalt sprachen das Bedürfnis nach Individualität und Selbstverwirklichung an, das im amerikanischen Traum verankert war.

Darüber hinaus bot das Buffet eine wirtschaftliche Lösung für Gastronomen. Die Möglichkeit, große Mengen an Speisen auf einmal zu präsentieren und die Selbstbedienung durch die Gäste zu fördern, reduzierte die Notwendigkeit für teures Personal und ermöglichte es den Betrieben, eine große Zahl von Gästen effizient zu bewirten. Dies trug zur Verbreitung des ›All you can eat‹-Konzepts bei und machte es zu einem festen Bestandteil der amerikanischen Gastronomie.

Der kulturelle Einfluss und das Erbe des ›All you can eat‹- Buffets

Im Laufe der Jahrzehnte hat sich das ›All you can eat‹-Buffet zu einem kulturellen Phänomen entwickelt, das weit über die Grenzen der Gastronomie hinausgeht. Es ist zu einem Symbol für den amerikanischen Lebensstil geworden, der sich durch Überfluss, Freiheit und das Streben nach dem Maximum auszeichnet. Das Buffet verkörpert die Idee, dass im Land der unbegrenzten Möglichkeiten auch der kulinarische Genuss keine Grenzen kennen muss.

Das ›All you can eat‹-Buffet hat auch in anderen Teilen der Welt Anklang gefunden und wurde in verschiedenen Kulturen adaptiert und neu interpretiert. Es steht heute nicht nur für die amerikanische Esskultur, sondern auch für die Globalisierung der Gastronomie und den Einfluss der amerikanischen Konsumkultur auf die Welt.

Das Erbe des ›All you can eat‹-Buffets ist vielschichtig. Es hat die Art und Weise, wie Menschen essen und soziale Interaktionen pflegen, nachhaltig verändert. Es hat neue Standards für den Konsum und den Genuss von Nahrung gesetzt und dabei das Verständnis von Überfluss und Freiheit in der modernen Gesellschaft geprägt. Auch wenn das ›All you can eat‹-Buffet oft mit Übermaß und Völlerei assoziiert wird, bleibt es ein beeindruckendes Beispiel dafür, wie tief verwurzelte kulturelle Werte und wirtschaftliche Entwicklungen die Gastronomie und das Essverhalten beeinflussen können.

Die 1950er Jahre

Das ›All you can eat‹ als Marketing-Strategie

Die 1950er Jahre in den Vereinigten Staaten waren eine Zeit des Aufschwungs und der Veränderungen. Nach dem Zweiten Weltkrieg erlebte das Land einen Wirtschaftsboom, der das Konsumverhalten der Bevölkerung grundlegend veränderte. Diese Dekade war geprägt von einer wachsenden Mittelschicht, einem steigenden Lebensstandard und dem Aufstieg der Massenkultur. In dieser Zeit begann die Gastronomiebranche, innovative Marketingstrategien zu entwickeln, um den neuen Bedürfnissen und Wünschen der Konsumenten gerecht zu werden. Eine dieser Strategien war das ›All you can eat‹-Konzept, das sich schnell als mächtiges Instrument zur Kundengewinnung und Umsatzsteigerung etablierte.

Der Beginn einer neuen Ära in der Gastronomie

In den frühen 1950er Jahren erkannte die Gastronomiebranche, dass sich die Erwartungen der Konsumenten verändert hatten. Die Menschen wollten nicht nur essen, um ihren Hunger zu stillen, sondern suchten nach Erlebnissen, die Bequemlichkeit, Vielfalt und vor allem Wert für ihr Geld boten. Restaurants und Hotels standen vor der Herausforderung, diese neuen Erwartungen zu erfüllen und gleichzeitig einen Wettbewerbsvorteil zu erlangen. Das ›All you can eat‹-Konzept bot hierfür eine vielversprechende Lösung.

Ursprünglich in Las Vegas populär geworden, fand das ›All you can eat‹-Buffet schnell Verbreitung in der gesamten Hotel- und Gastronomiebranche. Es bot nicht nur eine scheinbar unbegrenzte Menge an Speisen, sondern stellte auch eine völlig neue Art des Essens dar – eine, die dem Gast das Gefühl gab, dass er für sein Geld mehr bekam als je zuvor. Dieses Gefühl der Großzügigkeit und des Überflusses war besonders ansprechend in einer Zeit, in der viele Amerikaner zum ersten Mal in ihrem Leben einen gewissen Wohlstand erlebten.

Das ›All you can eat‹-Buffet wurde zum Inbegriff des amerikanischen Lebensstils der 1950er Jahre, der von einer neuen Art von Optimismus und Selbstbewusstsein geprägt war. Es verkörperte das Versprechen von Überfluss und Freiheit, das viele Menschen in dieser Zeit suchten, und ermöglichte es den Betreibern, diese Werte auf eine greifbare und genussvolle Weise zu vermitteln.

Die strategische Nutzung des ›All you can eat‹-Konzepts

Die Einführung des ›All you can eat‹-Buffets als Marketingstrategie war ein kluger Schachzug, der auf mehrere psychologische und wirtschaftliche Faktoren abzielte. Zum einen sprach es das Bedürfnis der Konsumenten nach maximalem Wert für ihr Geld an. Indem sie eine große Auswahl an Speisen zu einem festen Preis anboten, konnten die Restaurants den Gästen das Gefühl geben, dass sie das Beste aus ihrem Geld herausholen würden. Dies war besonders attraktiv für Familien und Gruppen, die nach einer kosteneffizienten Möglichkeit suchten, gemeinsam auszugehen und zu speisen.

Zum anderen schuf das Buffet eine Atmosphäre der Großzügigkeit und Offenheit. Die Gäste konnten so viel essen, wie sie wollten, ohne sich Gedanken darüber machen zu müssen, wie viel jede einzelne Speise kostete. Diese Freiheit war ein entscheidender Faktor für den Erfolg des Konzepts, da sie den Gästen das Gefühl gab, dass sie die Kontrolle über ihr kulinarisches Erlebnis hatten. Dies förderte nicht nur das Gefühl von Zufriedenheit, sondern auch von Loyalität gegenüber den Betrieben, die diese Art von Service anboten.

Ein weiterer wichtiger Aspekt war die Tatsache, dass das Buffet eine hohe Flexibilität und Effizienz in der Bewirtung ermöglichte. In einer Zeit, in der die Gastronomiebranche wachsende Besucherzahlen und steigende Erwartungen bewältigen musste, bot das ›All you can eat‹-Konzept eine Lösung, die es ermöglichte, große Mengen an Gästen schnell und effektiv zu bedienen. Indem sie eine Selbstbedienungsstruktur einführten, konnten die Restaurants Personalressourcen einsparen und gleichzeitig eine hohe Qualität und Vielfalt an Speisen anbieten.

Die Rolle von Las Vegas und anderen Pionieren

Las Vegas spielte eine zentrale Rolle bei der Popularisierung des ›All you can eat‹-Konzepts in den 1950er Jahren. Die Stadt war bekannt für ihre Extravaganz und ihren Fokus auf das Vergnügen und den Luxus, und das Buffet passte perfekt in dieses Umfeld. Hotels und Casinos erkannten schnell das Potenzial des Konzepts, nicht nur um Gäste anzulocken, sondern auch um sie länger in den Etablissements zu halten. Ein üppiges Buffet, das rund um die Uhr geöffnet war, sorgte dafür, dass die Gäste nicht nur wegen der Spiele, sondern auch wegen des Essens blieben.

Das ›El Rancho Vegas‹, eines der ersten großen Resorts in Las Vegas, wird oft als das erste Hotel genannt, das das ›All you can eat‹-Buffet als festen Bestandteil seines Angebots einführte. Das Konzept war sofort erfolgreich und wurde schnell von anderen Hotels und Casinos in der Stadt übernommen. Die Buffets wurden zunehmend aufwendiger und boten eine immer größere Auswahl an Speisen, um die Gäste zu beeindrucken und zu halten.

Doch das ›All you can eat‹-Konzept blieb nicht auf Las Vegas beschränkt. Es breitete sich schnell auf andere Teile des Landes aus, insbesondere in Regionen, die stark vom Tourismus abhängig waren. In Orten wie Miami, Atlantic City und New York wurden Buffets zu einem beliebten Angebot in Hotels und Restaurants, die Touristen und Einheimische gleichermaßen anzogen. Diese Pionierbetriebe erkannten, dass das Buffet nicht nur ein Mittel war, um den Umsatz zu steigern, sondern auch ein starkes Marketinginstrument, das ihre Marke definierte und von der Konkurrenz abhob.

Das ›All you can eat‹-Buffet als Symbol des Wohlstands

Im Laufe der 1950er Jahre entwickelte sich das ›All you can eat‹-Buffet zu einem Symbol für den amerikanischen Wohlstand und den Erfolg der Nachkriegszeit. Es verkörperte die Ideale von Überfluss und Freiheit, die in dieser Dekade so zentral waren, und wurde zu einem festen Bestandteil der amerikanischen Esskultur.

Das Buffet bot nicht nur Nahrung, sondern auch ein Erlebnis – ein Festmahl, das den Geist des Überflusses und der Großzügigkeit widerspiegelte, der diese Ära prägte. Es war ein Ort, an dem die Menschen zusammenkommen, feiern und die Früchte ihres Wohlstands genießen konnten. In einer Zeit, in der das wirtschaftliche Wachstum und der Fortschritt das tägliche Leben bestimmten, war das Buffet eine greifbare Manifestation des ›guten Lebens‹, das so viele Amerikaner anstrebten.

Darüber hinaus spielte das ›All you can eat‹-Buffet eine wichtige Rolle bei der Demokratisierung des Essens. Es war nicht mehr nur den Reichen vorbehalten, in luxuriösen Umgebungen zu speisen. Das Buffet ermöglichte es Menschen aller sozialen Schichten, an einem Ort zu essen, der Vielfalt und Fülle bot – eine Tatsache, die das Buffet zu einem Symbol der sozialen Inklusion und des Wohlstands für alle machte.

Der langfristige Einfluss des ›All you can eat‹-Konzepts

Die strategische Nutzung des ›All you can eat‹-Konzepts in den 1950er Jahren legte den Grundstein für seinen anhaltenden Erfolg in den folgenden Jahrzehnten. Es wurde nicht nur zu einem festen Bestandteil der amerikanischen Gastronomie, sondern auch zu einem kulturellen Phänomen, das weltweit Verbreitung fand.

Das Konzept beeinflusste die Entwicklung von Restaurant-
ketten, Hotellerie und sogar die Art und Weise, wie Menschen
über das Essen und das Ausgehen dachten. Es setzte neue
Maßstäbe für den Konsum und die Präsentation von Nahrung
und trug zur Entstehung einer neuen Art von Gastronomie bei,
die sich auf Bequemlichkeit, Vielfalt und Wertorientierung
konzentrierte.

Bis heute bleibt das ›All you can eat‹-Buffet ein Symbol für
die Innovationskraft und den Unternehmergeist, der die amerikanische Gastronomie in den 1950er Jahren prägte. Es steht
für die Fähigkeit, sich an die Bedürfnisse und Wünsche der
Konsumenten anzupassen und gleichzeitig neue Wege zu finden, um die Branche voranzubringen. Die strategische Nutzung des Buffets als Marketinginstrument war ein Meilenstein
in der Geschichte der Gastronomie – ein Meilenstein, der die
Art und Weise, wie Menschen essen und genießen, für immer
verändert hat.

Die Rolle von Las Vegas

Ein Paradies des Überflusses

Las Vegas, die Stadt der Lichter und des endlosen Vergnügens, ist nicht nur ein Symbol für Glücksspiele und Unterhaltung, sondern auch für die Verkörperung des Überflusses in der modernen Gesellschaft. Es war in dieser Wüstenstadt Nevadas, wo das ›All you can eat‹-Buffet zu einer Ikone des Konsums aufstieg und seine unaufhaltsame Reise in die Mainstream-Kultur begann. Doch wie genau schaffte es Las Vegas, das Buffet nicht nur populär zu machen, sondern es auch als unverzichtbaren Teil des American Dream zu etablieren?

Las Vegas:

Ein Magnet für den Massenkonsum

Las Vegas in den 1940er und 1950er Jahren war eine Stadt im Aufbruch. Mit der Legalisierung des Glücksspiels 1931 begann ein beispielloser Boom, der Las Vegas schnell zu einem der beliebtesten Reiseziele der Vereinigten Staaten machte. Die Stadt wurde zum Symbol für Freiheit, Abenteuer und den Nervenkitzel des Ungewissen. Es war ein Ort, an dem Träume wahr werden konnten – oder sich in Luft auflösten. In diesem Umfeld der Exzesse und des grenzenlosen Konsums war die

Idee eines Buffets, bei dem die Gäste so viel essen konnten, wie sie wollten, eine natürliche Ergänzung.

Das Buffet verkörperte den Geist von Las Vegas: Alles war im Überfluss vorhanden, alles war möglich. In einer Stadt, in der die Besucher oft nur für kurze Zeit verweilten, bot das Buffet eine schnelle, unkomplizierte und zugleich spektakuläre Möglichkeit, die Vielfalt und den Reichtum der Stadt zu erleben. Es war eine Attraktion in sich selbst, die das Versprechen von Las Vegas – ein Ort, an dem es keine Grenzen gab – in kulinarischer Form darstellte.

Das ›El Rancho Vegas‹ und die Geburt des modernen Buffets
Das ›El Rancho Vegas‹, eines der ersten großen Resorts an der berühmten Fremont Street, war ein Pionier in der Einführung des ›All you can eat‹-Buffets in Las Vegas. Dieses Resort erkannte früh das Potenzial, das ein Buffet für die Anziehung von Gästen haben könnte, und begann, das Konzept als festen Bestandteil seines gastronomischen Angebots zu etablieren. Es war das ›El Rancho Vegas‹, das den berühmten Slogan ›The Buckaroo Buffet – All You Can Eat for $1‹ prägte und damit den Grundstein für die Erfolgsgeschichte des Buffets legte.

Der Erfolg dieses ersten Buffets war überwältigend. Es zog Gäste in Scharen an, die die Möglichkeit, für nur einen Dollar unbegrenzt zu essen, als unschlagbares Angebot empfanden. Das Buffet bot eine Auswahl an Speisen, die für die damalige Zeit bemerkenswert war: von Roastbeef und Truthahn bis hin zu einer Vielzahl von Salaten und Desserts. Für viele Gäste war das Buffet nicht nur eine Mahlzeit, sondern ein Erlebnis – eine Show in sich, die das Spektakel von Las Vegas widerspiegelte.

Das ›El Rancho Vegas‹ inspirierte schnell andere Hotels und Casinos, eigene Buffets zu eröffnen, die mit noch größerer Vielfalt und Extravaganz aufwarteten. Diese Buffets wurden zu einem integralen Bestandteil des Las Vegas-Erlebnisses und trugen maßgeblich dazu bei, die Stadt als Paradies des Überflusses zu etablieren.

Das Buffet als Marketinginstrument und Erlebnis

In der Marketingstrategie von Las Vegas spielten die Buffets eine zentrale Rolle. Sie waren nicht nur eine Möglichkeit, Gäste zu verköstigen, sondern auch ein starkes Instrument, um Besucher in die Casinos zu locken und dort zu halten. Die Buffets waren oft stark subventioniert, und die Preise lagen weit unter den tatsächlichen Kosten. Dies war ein bewusster Schachzug der Betreiber, um die Gäste zum längeren Verweilen in den Hotels und Casinos zu animieren. Das Konzept war einfach: Gäste, die gut gesättigt waren, neigten dazu, länger zu bleiben und mehr Geld an den Spieltischen und Automaten auszugeben.

Die Buffets selbst wurden zu einem Schaufenster der Großzügigkeit und Opulenz. In einer Stadt, in der alles größer, heller und spektakulärer war, mussten auch die Buffets beeindrucken. Die Auswahl an Speisen war oft überwältigend: Von exquisiten Meeresfrüchten über internationale Delikatessen bis hin zu opulenten Desserts – die Buffets in Las Vegas boten alles, was das Herz begehrte. Diese Vielfalt und Fülle war ein weiterer Schlüssel zum Erfolg des ›All you can eat‹-Konzepts, denn sie gab den Gästen das Gefühl, in eine Welt des Überflusses eingetreten zu sein, in der sie königlich behandelt wurden.

Die Buffets wurden zudem zu einer Bühne für die Kreativität und den Ehrgeiz der Küchenchefs, die in der Lage waren, ihre kulinarischen Fähigkeiten einem breiten Publikum zu präsentieren. Dies trug nicht nur zur Attraktivität der Buffets bei, sondern stärkte auch den Ruf von Las Vegas als kulinarisches Reiseziel. In einer Stadt, die von ihrem Image als Ort der Exzesse und des Luxus lebte, war das Buffet der ideale Ausdruck dieses Lebensstils.

Die soziale und kulturelle Bedeutung der Buffets in Las Vegas

Die Buffets in Las Vegas hatten auch eine tiefere soziale und kulturelle Bedeutung. Sie symbolisierten den Überfluss und die Möglichkeiten der Nachkriegszeit, als die USA in eine Phase des beispiellosen Wohlstands und des Konsums eintraten. In einer Zeit, in der viele Menschen zum ersten Mal in ihrem Leben das Gefühl hatten, sich etwas leisten zu können, bot das Buffet eine greifbare Manifestation dieses neuen Wohlstands.

Das Buffet war mehr als nur eine Mahlzeit; es war eine Feier des Lebensstils, den Las Vegas repräsentierte – ein Leben ohne Grenzen, in dem alles möglich schien. Diese Vorstellung von unbegrenztem Konsum und Genuss spiegelte sich in der Architektur und im Ambiente der Buffets wider, die oft mit üppigen Dekorationen und luxuriösen Details aufwarteten. Die Gäste sollten sich nicht nur satt essen, sondern sich auch wie Könige fühlen, umgeben von einer Fülle, die in ihrem Alltag oft unerreichbar war.

Für viele Besucher war das Buffet ein Highlight ihrer Reise nach Las Vegas. Es war ein Ort, an dem man sich mit Familie und Freunden traf, um gemeinsam ein Festmahl zu genießen, ohne sich Gedanken über die Kosten machen zu müssen. Diese gemeinschaftliche Erfahrung des Essens trug dazu bei, dass das Buffet zu einem festen Bestandteil der amerikanischen Populärkultur wurde – ein Symbol für den demokratischen Zugang zu Luxus und Überfluss.

Der globale Einfluss der Las Vegas Buffets

Der Erfolg der Buffets in Las Vegas blieb nicht unbemerkt. In den folgenden Jahrzehnten verbreitete sich das ›All you can eat‹-Konzept weltweit, von den USA über Europa bis nach Asien. Dabei diente Las Vegas oft als Vorbild, und viele Betreiber versuchten, das Erfolgsrezept der Stadt zu kopieren und an ihre lokalen Gegebenheiten anzupassen.

In den USA selbst wurden Buffets zu einem festen Bestandteil des gastronomischen Angebots, nicht nur in Hotels und Casinos, sondern auch in eigenständigen Restaurants und Ketten, die sich auf das ›All you can eat‹-Konzept spezialisierten. Diese Verbreitung des Buffets war ein direktes Ergebnis des Erfolgsmodells von Las Vegas, das gezeigt hatte, dass das Konzept nicht nur wirtschaftlich tragfähig, sondern auch kulturell resonant war.

Auch in Europa und Asien fanden Buffets großen Anklang, insbesondere in Regionen mit einer starken Tourismusbranche. In vielen dieser Länder wurden die Buffets angepasst, um lokale Geschmäcker und Vorlieben zu berücksichtigen, doch das Grundprinzip – Vielfalt, Fülle und Wert – blieb bestehen. So wurde das ›All you can eat‹-Buffet zu einem globalen Phänomen, das Millionen von Menschen auf der ganzen Welt anzog.

Die Vermächtnis von Las Vegas

Heute, Jahrzehnte nach ihrer Einführung, sind die Buffets von Las Vegas immer noch ein fester Bestandteil der Stadt und ein Magnet für Besucher aus aller Welt. Obwohl sich die Stadt und ihre Gastronomie in vielerlei Hinsicht weiterentwickelt haben, bleibt das Buffet ein Symbol für die einzigartigen Qualitäten, die Las Vegas ausmachen – Überfluss, Freiheit und das Versprechen, dass jeder hier das Leben in vollen Zügen genießen kann.

Das Vermächtnis der Las Vegas Buffets zeigt, wie ein einfaches Konzept – die Möglichkeit, so viel zu essen, wie man will – zu einem kulturellen Phänomen werden kann, das weit über seine ursprünglichen Wurzeln hinausgeht. Es ist ein Zeugnis für die Innovationskraft der Gastronomie und dafür, wie tief verwurzelt der Wunsch nach Überfluss und Genuss in der menschlichen Natur ist. Las Vegas hat das ›All you can eat‹-Buffet nicht nur populär gemacht, sondern es zu einem integralen Bestandteil des modernen Lebensstils erhoben – ein Vermächtnis, das noch lange nachhallen wird.

Wirtschaftliche Faktoren

Das Buffet als Geschäftsmodell

Das ›All you can eat‹-Konzept hat sich in der Gastronomie nicht nur aufgrund seiner Anziehungskraft auf Gäste durchgesetzt, sondern auch wegen seiner wirtschaftlichen Vorteile für die Betreiber. Hinter dem scheinbar grenzenlosen Angebot an Speisen verbirgt sich eine durchdachte Geschäftsstrategie, die darauf abzielt, maximale Effizienz und Profitabilität zu gewährleisten. Doch wie funktioniert dieses Modell, das es ermöglicht, eine große Menge an Speisen anzubieten und gleichzeitig wirtschaftlich erfolgreich zu bleiben?

Die Grundlagen des Buffets:

Kalkulierte Großzügigkeit

Auf den ersten Blick scheint ein Buffet, bei dem die Gäste so viel essen können, wie sie möchten, ein potenziell verlustreiches Unterfangen zu sein. Die Vorstellung, dass Gäste die Chance nutzen, sich im Übermaß zu bedienen, weckt schnell den Eindruck, dass dies für den Betreiber zu erheblichen Kosten führen könnte. Doch das Gegenteil ist der Fall. Die Betreiber von ›All you can eat‹-Buffets setzen auf eine sorgfältig durchdachte Kalkulation, die auf dem Prinzip der Großzügigkeit basiert – einer Großzügigkeit, die jedoch wohlüberlegt und kalkuliert ist.

Einer der Hauptfaktoren, die das wirtschaftliche Funktionieren eines Buffets ermöglichen, ist die Differenzierung der Essgewohnheiten der Gäste. Während einige Gäste tatsächlich große Mengen konsumieren, nehmen die meisten nicht so viel zu sich, wie sie ursprünglich erwartet hätten. Dies führt zu einer natürlichen Ausbalancierung der Kosten. Betreiber verlassen sich darauf, dass die Mehrheit der Gäste weniger konsumiert, als sie bezahlt, wodurch die Kosten pro Person relativ gering bleiben. Diese Kalkulation erlaubt es den Betreibern, attraktive Preise anzubieten, die gleichzeitig profitabel sind.

Zudem spielt die Auswahl der angebotenen Speisen eine entscheidende Rolle. Die Speisen, die in einem Buffet serviert werden, sind oft kostengünstig in der Produktion und können in großen Mengen hergestellt werden. Gerichte wie Nudeln, Reis, Kartoffeln und Salate bieten Füllstoffe, die den Gästen das Gefühl geben, satt zu sein, während die teureren Zutaten wie Fleisch und Meeresfrüchte nur in moderaten Mengen angeboten werden. Diese kluge Auswahl und Präsentation der Speisen tragen dazu bei, die Kosten niedrig zu halten, während gleichzeitig die Vielfalt und Attraktivität des Buffets gewahrt bleiben.

Effizienz durch Massenproduktion und Planung

Ein weiterer wirtschaftlicher Vorteil des Buffet-Modells liegt in der Effizienz der Massenproduktion. Buffets erlauben es Küchen, große Mengen an Speisen gleichzeitig zuzubereiten, was die Produktionskosten erheblich senkt. Diese Effizienz ergibt sich aus der Planung und Standardisierung der Gerichte, die es ermöglicht, Zutaten in großen Mengen einzukaufen und zu verarbeiten. Durch den Einkauf in großen Mengen profitieren die Betreiber von Mengenrabatten und können ihre Lagerhaltung optimieren.

Darüber hinaus ermöglicht das Buffet-Modell eine flexible Planung und Anpassung des Angebots. Durch die kontinuierliche Beobachtung des Gästeverhaltens und der Nachfrage können Betreiber schnell reagieren und ihr Angebot entsprechend anpassen. Beispielsweise können Gerichte, die besonders beliebt sind, häufiger nachgefüllt werden, während weniger gefragte Speisen in geringerer Menge angeboten oder ganz aus dem Angebot genommen werden. Diese Flexibilität erlaubt es den Betreibern, Lebensmittelverschwendung zu minimieren und die Kosten weiter zu reduzieren.

Ein weiterer Aspekt der Effizienz ist die Verringerung des Personalbedarfs. Da die Gäste sich selbst bedienen, wird weniger Bedienungspersonal benötigt, was die Lohnkosten senkt. Zwar erfordert ein Buffet eine gewisse Anzahl von Mitarbeitern, um die Speisen aufzufüllen und die Hygiene zu gewährleisten, doch ist der Personalaufwand im Vergleich zu einem À-la-carte-Restaurant deutlich geringer.

Die psychologische Komponente:

Der Reiz des Überflusses

Neben den wirtschaftlichen und logistischen Vorteilen spielt auch die psychologische Komponente eine wichtige Rolle im Erfolg des ›All you can eat‹-Konzepts. Das Buffet nutzt den Reiz des Überflusses und der Freiheit aus, die es den Gästen bietet. Die Möglichkeit, aus einer Vielzahl von Speisen zu wählen und so viel zu essen, wie man möchte, spricht tief verwurzelte menschliche Instinkte an. Dieser Reiz des Überflusses führt oft dazu, dass Gäste bereit sind, einen höheren Preis zu zahlen, um diese Erfahrung zu genießen, selbst wenn sie letztendlich weniger konsumieren, als sie könnten.

Diese psychologische Komponente wird durch die Präsentation der Speisen noch verstärkt. Ein gut gestaltetes Buffet, bei dem die Speisen appetitlich und in großer Fülle präsentiert werden, erweckt den Eindruck von Luxus und Großzügigkeit. Dies erzeugt bei den Gästen ein Gefühl der Zufriedenheit und des Wertes, das über den eigentlichen Konsum hinausgeht. Gäste fühlen sich, als hätten sie ein besonderes Erlebnis genossen, was ihre Zufriedenheit und die Wahrscheinlichkeit erhöht, dass sie wiederkommen.

Der Marketingvorteil:

Anziehungskraft und Kundenbindung

Das >All you can eat‹-Konzept dient auch als starkes Marketinginstrument. Es zieht eine breite Palette von Kunden an, von Familien bis hin zu Touristen, die das Buffet als kostengünstige Möglichkeit sehen, eine große Auswahl an Speisen zu genießen. Buffets haben sich als besonders attraktiv für Gruppen und Familien erwiesen, da sie eine einfache Lösung für unterschiedliche Geschmäcker bieten. Jeder findet etwas, das ihm schmeckt, ohne dass komplizierte Bestellungen oder spezielle Wünsche berücksichtigt werden müssen.

Darüber hinaus trägt das Buffet zur Kundenbindung bei. Gäste, die das Gefühl haben, ein gutes Preis-Leistungs-Verhältnis erhalten zu haben, kommen eher wieder und empfehlen das Buffet weiter. In einer wettbewerbsintensiven Branche wie der Gastronomie ist dies ein entscheidender Vorteil. Viele Buffets nutzen auch Treueprogramme oder spezielle Angebote, um die Gäste zur Wiederkehr zu motivieren, was die langfristige Rentabilität weiter stärkt.

Buffets als Teil des Gesamtgeschäftsmodells

In vielen Fällen ist das Buffet nicht das Hauptgeschäft eines Restaurants oder Hotels, sondern ein integraler Bestandteil des Gesamtgeschäftsmodells. Besonders in der Hotellerie wird das Buffet oft als Ergänzung zu anderen Angeboten wie Übernachtungen, Konferenzen oder Veranstaltungen genutzt. Es dient als zusätzliche Einnahmequelle und als Anreiz, der den Gästen einen Mehrwert bietet. In vielen Fällen wird das Buffet in Kombination mit anderen Angeboten beworben, wie beispielsweise ›Zimmer und Buffet‹-Paketen, die die Attraktivität des gesamten Angebots steigern.

Die Kombination aus hoher Gästezufriedenheit und Effizienz in der Produktion macht das Buffet zu einem äußerst rentablen Geschäftsmodell. Es bietet den Betreibern eine sichere Einnahmequelle, die sich durch ihre Flexibilität und Anpassungsfähigkeit an unterschiedliche Marktbedingungen auszeichnet. In wirtschaftlich schwierigen Zeiten können Buffets durch Preisanpassungen oder die Veränderung des Angebots relativ schnell reagieren und so ihre Rentabilität erhalten.

Herausforderungen und Anpassungen

Obwohl das ›All you can eat‹-Modell zahlreiche Vorteile bietet, ist es nicht ohne Herausforderungen. Die steigenden Lebensmittelkosten, der wachsende Fokus auf gesunde Ernährung und die Anforderungen an Nachhaltigkeit stellen Betreiber vor neue Herausforderungen. Die Bewältigung dieser Herausforderungen erfordert eine ständige Anpassung des Angebots und der Geschäftsstrategie. Viele Buffets haben begonnen, ihr Angebot zu diversifizieren, indem sie beispielsweise vermehrt auf regionale und saisonale Produkte setzen oder gesundheitsbewusste Optionen anbieten.

Auch die Frage der Lebensmittelverschwendung ist ein zentrales Thema, das zunehmend in den Fokus rückt. Betreiber müssen Wege finden, um die Verschwendung zu minimieren, ohne dabei den Reiz des Buffets zu mindern. Dies kann durch kleinere Portionsgrößen, häufiger wechselnde Angebote oder durch eine bessere Abstimmung zwischen Angebot und Nachfrage geschehen.

Das Buffet als erfolgreiches Geschäftsmodell

Das ›All you can eat‹-Buffet hat sich als eines der erfolgreichsten Geschäftsmodelle in der Gastronomie etabliert. Es kombiniert die Attraktivität eines reichhaltigen Angebots mit wirtschaftlicher Effizienz und einem starken Marketingpotenzial. Durch die sorgfältige Planung und Kalkulation der Kosten, die psychologische Anziehungskraft des Überflusses und die Anpassungsfähigkeit an sich ändernde Marktbedingungen bietet das Buffet den Betreibern eine solide Grundlage für langfristigen Erfolg.

In einer Welt, in der Konsumenten zunehmend auf der Suche nach Erlebnissen und Wert sind, bleibt das Buffet ein verlockendes Angebot, das die Bedürfnisse und Wünsche der Gäste auf einzigartige Weise erfüllt. Es ist ein Modell, das zeigt, wie wirtschaftlicher Erfolg und Kundenzufriedenheit Hand in Hand gehen können – und das sich wohl noch lange in der Gastronomielandschaft behaupten wird.

Psychologie des Konsums

Warum ›All you can eat‹ so verlockend ist

Das ›All you can eat‹-Buffet übt eine unverkennbare Faszination auf Menschen aus. Diese Magie beruht nicht nur auf der schieren Menge an verfügbaren Speisen, sondern auf einer tief verwurzelten Psychologie des Konsums, die weit über den bloßen Akt des Essens hinausgeht. Doch warum sind Buffets so anziehend? Was treibt Menschen dazu, sich immer wieder an den üppigen Auslagen zu bedienen? Dieses Kapitel bietet einen Einblick in die psychologischen Mechanismen, die das ›All you can eat‹-Erlebnis so unwiderstehlich machen.

Die Anziehungskraft des Überflusses

Der Reiz eines Buffets beginnt schon bei der Vorstellung von Überfluss. Die visuelle und sensorische Überwältigung durch eine Vielzahl von Gerichten und Farben löst bei den Gästen eine Art Euphorie aus, die tief in der menschlichen Natur verankert ist. Der Mensch ist evolutionär darauf programmiert, Ressourcen zu maximieren, insbesondere Nahrung, da diese in früheren Zeiten nicht immer im Überfluss vorhanden war. Ein Buffet, das scheinbar unbegrenzt Speisen zur Verfügung stellt, spricht diesen uralten Instinkt an und erzeugt ein Gefühl von Sicherheit und Sättigung.

Das Gefühl von Überfluss wird durch die Tatsache verstärkt, dass der Gast die Kontrolle über die Menge und Auswahl der Speisen hat. Diese Freiheit, sich nach Belieben zu bedienen, gibt ein Gefühl der Macht und Selbstbestimmung, das in vielen Alltagssituationen oft fehlt. Der Gast wird nicht nur zum Konsumenten, sondern auch zum Gestalter seines eigenen kulinarischen Erlebnisses.

Verlustaversion:

Mehr nehmen, um nichts zu verlieren

Ein weiteres psychologisches Phänomen, das Buffets so attraktiv macht, ist die sogenannte Verlustaversion. Menschen neigen dazu, Verluste stärker zu gewichten als Gewinne. Bei einem ›All you can eat‹-Buffet bedeutet dies, dass Gäste oft das Gefühl haben, sie müssten so viel wie möglich essen, um das Maximum aus ihrem bezahlten Preis herauszuholen. Dieser Gedanke, dass man möglicherweise nicht genug gegessen haben könnte, um den vollen Wert des Preises zu rechtfertigen, führt dazu, dass viele Gäste mehr essen, als sie eigentlich wollten oder brauchten.

Diese Verlustaversion wird durch die Tatsache verstärkt, dass das Buffet offen zugänglich ist. Im Gegensatz zu einem À-la-carte-Restaurant, bei dem jedes Gericht eine bewusste Entscheidung und Kostenkalkulation erfordert, liegt die Versuchung beim Buffet direkt vor den Augen. Der Gedanke, dass man jederzeit nachholen kann, was man zuvor nicht genommen hat, fördert ein Gefühl der Dringlichkeit und des Überflusses.

Das ›Sunk Cost‹-Phänomen:

Wenn der Preis das Verhalten bestimmt

Eng verwandt mit der Verlustaversion ist das ›Sunk Cost‹-Phänomen, das ebenfalls eine bedeutende Rolle bei der Attraktivität von ›All you can eat‹-Buffets spielt. Dieses Phänomen beschreibt die Tendenz von Menschen, ihre Entscheidungen basierend auf bereits getätigten Investitionen zu treffen, selbst wenn diese Investitionen unwiederbringlich sind. In der Welt des Buffets bedeutet dies, dass Gäste oft mehr essen, um das Gefühl zu vermeiden, ihr Geld verschwendet zu haben.

Der bereits gezahlte Preis wird zu einem inneren Zwang, der das Verhalten des Gastes beeinflusst. Selbst wenn der Körper bereits signalisiert, dass er satt ist, drängt die psychologische Logik des ›Sunk Cost‹-Effekts den Gast dazu, weiter zu essen. Die Vorstellung, dass man für eine unbegrenzte Menge an Essen bezahlt hat und diese Gelegenheit nicht voll ausnutzt, kann das Essverhalten erheblich beeinflussen und führt oft zu übermäßigem Konsum.

Die soziale Komponente:

Essen als gemeinschaftliches Erlebnis

Ein Buffet ist nicht nur eine Gelegenheit, sich zu sättigen, sondern auch ein soziales Erlebnis. Die gemeinsame Teilnahme an einem ›All you can eat‹-Buffet bietet eine einzigartige Möglichkeit der Interaktion und Kommunikation. In vielen Kulturen hat das gemeinsame Essen eine tiefe symbolische Bedeutung, und Buffets verstärken dieses Gefühl der Gemeinschaft, indem sie den Akt des Teilens und Auswählens in den Mittelpunkt stellen.

Das gemeinsame Erlebnis verstärkt die Anziehungskraft des Buffets. Der Anblick anderer Gäste, die sich an den gleichen Speisen erfreuen, und das Gefühl, Teil einer größeren Gruppe zu sein, erzeugen eine Art kollektive Euphorie. Dieses Phänomen wird durch den sozialen Vergleich noch verstärkt, bei dem Gäste unbewusst ihr eigenes Verhalten an dem der anderen ausrichten. Wenn andere Gäste reichlich auf ihren Tellern haben, fühlen sich viele Menschen dazu verleitet, ebenfalls großzügiger zuzugreifen, um nicht ›hinterherzuhinken‹.

Vielfalt und Abwechslung:

Die Verlockung des Neuen

Ein weiterer Schlüssel zur Anziehungskraft des Buffets ist die schier endlose Vielfalt an Optionen. Die Möglichkeit, eine breite Palette von Geschmacksrichtungen und Texturen zu erleben, spricht das Bedürfnis nach Abwechslung und Neuem an, das tief in der menschlichen Psyche verankert ist. Die menschliche Vorliebe für Vielfalt ist evolutionär bedingt und diente ursprünglich dazu, den Körper mit einer ausgewogenen und abwechslungsreichen Ernährung zu versorgen.

Buffets bieten die perfekte Umgebung, um diese Vorliebe zu befriedigen. Der Gast kann eine Vielzahl von Speisen probieren, ohne sich auf eine einzige Option festlegen zu müssen. Diese Freiheit, ständig neue Kombinationen zu testen, steigert das Vergnügen und führt dazu, dass Gäste mehr konsumieren, als sie es in einem traditionellen Restaurant tun würden.

Das Belohnungssystem:

Essen als emotionaler Ausgleich

Essen erfüllt nicht nur eine physische, sondern auch eine emotionale Funktion. Das Buffet bietet eine Vielzahl von Belohnungen, die über die bloße Nahrungsaufnahme hinausgehen. Der Genuss, sich an einer reich gedeckten Tafel zu bedienen, wirkt auf das Belohnungssystem im Gehirn, das positive Gefühle wie Zufriedenheit und Glück auslöst.

In stressigen oder emotional belastenden Zeiten suchen viele Menschen Trost im Essen. Ein ›All you can eat‹-Buffet bietet in diesem Kontext eine ideale Umgebung, um diesen emotionalen Bedürfnissen nachzukommen. Die Fülle an Speisen und die Freiheit, sich ohne Einschränkungen zu bedienen, wirken wie ein Ventil, durch das Stress und negative Gefühle abgebaut werden können. Diese Form der emotionalen Belohnung macht Buffets besonders verlockend und trägt zur wiederholten Rückkehr der Gäste bei.

Die tief verwurzelte Psychologie des Buffets

Die Vielseitigkeit, die Buffets auf Menschen ausüben, ist ein komplexes Zusammenspiel aus evolutionären Instinkten, psychologischen Mechanismen und sozialen Dynamiken. Der Reiz des Überflusses, die Freiheit der Wahl, der Druck, das Beste aus dem bezahlten Preis herauszuholen, und die Möglichkeit, ein gemeinschaftliches und abwechslungsreiches kulinarisches Erlebnis zu genießen, machen ›All you can eat‹-Buffets zu einem unwiderstehlichen Angebot.

Dieses Kapitel zeigt, dass die Anziehungskraft eines Buffets weit über das bloße Angebot von Speisen hinausgeht. Es ist eine Kombination aus psychologischen und emotionalen Faktoren, die das Buffet zu einem unvergleichlichen Erlebnis machen – einem Erlebnis, das Menschen immer wieder in seinen Bann zieht und das ›All you can eat‹-Konzept zu einem dauerhaften Erfolg in der Welt der Gastronomie gemacht hat.

Die internationale Verbreitung

Von Amerika in die Welt

Die Idee des ›All you can eat‹-Buffets, die ihren Ursprung in den USA fand, hat sich längst zu einem globalen Phänomen entwickelt. Mit seinem verlockenden Versprechen unbegrenzter Kulinarik zog das Konzept rund um den Erdball und wurde in verschiedenen Kulturen auf vielfältige Weise interpretiert und weiterentwickelt. Dieses Kapitel beleuchtet einige der beeindruckendsten und extravagantesten Buffets weltweit, die das ›All you can eat‹-Erlebnis zu einer internationalen Ikone gemacht haben.

Das opulente Las Vegas:

Eine Stadt der Superlative

Las Vegas, bekannt für seine prunkvollen Casinos und spektakulären Shows, ist auch die Heimat einiger der größten und opulentesten Buffets der Welt. Hier hat sich das ›All you can eat‹-Konzept nicht nur etabliert, sondern wurde zu einem regelrechten Markenzeichen der Stadt. Die Buffets in Las Vegas sind wahre Monumente des Überflusses, die mit einer schier endlosen Auswahl an Speisen aus allen Teilen der Welt aufwarten. Von frisch zubereiteten Sushi-Kreationen bis hin zu edlen Fleischgerichten – hier bleibt kein kulinarischer Wunsch unerfüllt.

Eines der berühmtesten Beispiele ist das ›Bacchanal Buffet‹ im Caesars Palace, das in seinen Dimensionen und seiner Vielfalt unvergleichlich ist. Mit über 500 verschiedenen Gerichten, die täglich frisch zubereitet werden, hebt es das ›All you can eat‹-Erlebnis auf eine neue Ebene. Die Gäste werden nicht nur durch die schiere Menge an Speisen beeindruckt, sondern auch durch die Qualität und Präsentation, die jedem Gourmet-Restaurant zur Ehre gereichen würde. Das Bacchanal Buffet ist ein Paradebeispiel dafür, wie das Konzept von Amerika aus die Welt eroberte und in Las Vegas zu einem unvergleichlichen kulinarischen Erlebnis transformiert wurde.

Dubai:

Luxus und Exklusivität in der Wüste

Die Stadt Dubai ist bekannt für ihren Luxus und ihre Exklusivität, und das spiegelt sich auch in den Buffets wider, die in den gehobenen Hotels der Stadt angeboten werden. Hier ist das ›All you can eat‹-Konzept nicht nur eine Frage der Menge, sondern auch der Extravaganz. Die Buffets in Dubai sind oft thematisch gestaltet und bieten eine reiche Auswahl an internationalen Gerichten, die den höchsten Ansprüchen gerecht werden.

Eines der herausragendsten Buffets in Dubai findet sich im ›Burj Al Arab‹, dem ikonischen Hotel, das als eines der luxuriösesten der Welt gilt. Das ›Al Iwan‹-Buffet im Burj Al Arab bietet eine beeindruckende Auswahl an arabischen und internationalen Speisen, die in einer Umgebung serviert werden, die an die Pracht und Opulenz von Tausendundeiner Nacht erinnert. Hier wird das ›All you can eat‹-Konzept zu einem Fest für die Sinne, das Luxus und Überfluss in einer Weise zelebriert, die nur in Dubai möglich ist.

China:

Ein Land der Vielfalt und Tradition

China, ein Land mit einer reichen kulinarischen Tradition, hat das ›All you can eat‹-Buffet auf seine eigene Weise interpretiert. In den großen Metropolen wie Peking und Shanghai finden sich Buffets, die eine beeindruckende Vielfalt an chinesischen und internationalen Gerichten bieten. Hier ist das Buffet nicht nur ein Ort, an dem man unbegrenzt essen kann, sondern auch eine Gelegenheit, die Fülle der chinesischen Küche zu erleben.

Ein Beispiel für die Extravaganz der Buffets in China ist das ›Haidilao Hotpot‹-Buffet, das in verschiedenen Städten angeboten wird. Hier können die Gäste aus einer Vielzahl von frischen Zutaten wählen, die direkt am Tisch zubereitet werden. Die Kombination aus traditioneller chinesischer Esskultur und dem modernen ›All you can eat‹-Konzept hat in China ein einzigartiges kulinarisches Erlebnis geschaffen, das sowohl Einheimische als auch Touristen gleichermaßen begeistert.

Schweden:

Das Smörgåsbord als kulturelles Erbe

Obwohl das ›All you can eat‹-Konzept vor allem mit den USA in Verbindung gebracht wird, hat Schweden eine lange Tradition des Buffets, die bis ins 16. Jahrhundert zurückreicht. Das ›Smörgåsbord‹ ist ein schwedisches Buffet, das ursprünglich als eine Art Vorspeisenplatte begann und sich im Laufe der Jahrhunderte zu einem umfassenden kulinarischen Erlebnis entwickelte. Das Smörgåsbord bietet eine große Auswahl an kalten und warmen Speisen, die oft Fisch, Fleisch, Käse und Brot umfassen.

Das ›Grand Hôtel‹ in Stockholm ist bekannt für sein luxuriöses Smörgåsbord, das nicht nur Touristen, sondern auch Einheimische anzieht. Hier wird die schwedische Tradition des Buffets in einer Weise zelebriert, die sowohl die Geschichte als auch die Moderne der schwedischen Küche widerspiegelt. Das Smörgåsbord ist ein Beispiel dafür, wie das ›All you can eat‹-Konzept tief in die Kultur eines Landes integriert sein kann und dabei seine ursprüngliche Form bewahrt hat.

Japan:

Das ›Kaiten-Zushi‹-Erlebnis

In Japan hat sich das ›All you can eat‹-Konzept auf kreative Weise weiterentwickelt, insbesondere in Form von ›Kaiten-Zushi‹-Restaurants, die Sushi auf einem Förderband servieren.

Obwohl nicht jedes ›Kaiten-Zushi‹-Restaurant ein ›All you can eat‹-Angebot hat, gibt es viele, die dieses Konzept anbieten und es zu einem erschwinglichen und unterhaltsamen Erlebnis machen.

Ein herausragendes Beispiel ist das ›Sushiro‹, eine der größten ›Kaiten-Zushi‹-Ketten in Japan, die oft ›All you can eat‹-Angebote für Sushi-Liebhaber anbietet. Hier können die Gäste eine unbegrenzte Menge an Sushi genießen, während sie die bunten Teller auf dem Förderband beobachten. Diese Form des Buffets kombiniert das Beste der japanischen Esskultur mit dem Reiz des Überflusses und macht es zu einem unvergesslichen Erlebnis.

Brasilien:

Churrascarias und das Rodizio-Buffet

In Brasilien ist das ›All you can eat‹-Konzept untrennbar mit den berühmten Churrascarias verbunden, in denen das ›Rodizio‹-Buffet angeboten wird. Hierbei handelt es sich um ein Fleischbuffet, bei dem Kellner verschiedene Fleischsorten auf großen Spießen direkt am Tisch servieren, bis die Gäste signalisieren, dass sie genug haben. Das Rodizio-Buffet ist ein Fest für Fleischliebhaber und ein fester Bestandteil der brasilianischen Esskultur.

Ein berühmtes Beispiel ist das ›Fogo de Chão‹, eine internationale Churrascaria-Kette, die ihren Ursprung in Brasilien hat. Das Rodizio-Buffet in diesen Restaurants bietet eine Vielzahl von Fleischsorten, die perfekt gegrillt und in großzügigen Portionen serviert werden. Das Konzept des Rodizio-Buffets hat sich in Brasilien so stark etabliert, dass es mittlerweile weltweit verbreitet ist und einen festen Platz in der internationalen Gastronomie hat.

Ein globales Phänomen mit lokalen Nuancen

Das ›All you can eat‹-Konzept hat sich weltweit verbreitet und in verschiedenen Kulturen einzigartige Formen angenommen. Von den opulenten Buffets in Las Vegas und Dubai bis hin zu den traditionellen Smörgåsbords in Schweden und den kreativen Interpretationen in Japan – jedes Land hat das Konzept auf seine Weise adaptiert und weiterentwickelt. Diese internationalen Beispiele zeigen, dass das ›All you can eat‹-Buffet weit mehr ist als nur ein Ort des Überflusses. Es ist ein globales Phänomen, das sich durch die kulturellen und kulinarischen Besonderheiten jedes Landes auszeichnet und dabei die universelle Anziehungskraft des unbegrenzten Genusses widerspiegelt.

In der globalen Welt der Gastronomie hat sich das Buffet als flexible und anpassungsfähige Form des Essens etabliert, die sowohl Traditionen bewahrt als auch Innovationen fördert. Das ›All you can eat‹-Konzept bleibt ein faszinierendes Beispiel dafür, wie eine Idee aus einem bestimmten Kontext heraus entstehen und sich in verschiedenen Kulturen zu etwas Einzigartigem entwickeln kann. Es ist ein lebendiges Zeugnis der globalen Verbreitung von Ideen und ihrer Anpassung an lokale Geschmäcker und Vorlieben.

Das Buffet der Superlative

Rekorde und außergewöhnliche Buffets

Das Konzept des Buffets, besonders in seiner ›All you can eat‹-Form, hat im Laufe der Zeit eine bemerkenswerte Entwicklung durchgemacht. Während viele Buffets sich auf die schlichte Bereitstellung einer Vielzahl von Speisen konzentrieren, gibt es weltweit auch jene, die durch ihre schiere Größe, Extravaganz oder durch das Setzen von Rekorden auffallen. Diese Buffets sind nicht nur Orte des Konsums, sondern wahre Monumente menschlicher Kreativität und Kühnheit. Sie zeigen, wie weit Gastronomen bereit sind zu gehen, um ihre Gäste zu beeindrucken und ein unvergessliches Erlebnis zu bieten. In diesem Kapitel werfen wir einen Blick auf einige der außergewöhnlichsten Buffets der Welt, die durch ihre Größe, Auswahl und Exklusivität in die Geschichte eingegangen sind.

Das längste Buffet der Welt:

Thailand zeigt, wie es geht

Thailand, bekannt für seine lebendige und vielfältige Küche, hat die Messlatte für Buffets buchstäblich hoch gelegt. Im Jahr 2017 brach das Land den Weltrekord für das längste Buffet der Welt. Dieses beeindruckende Buffet erstreckte sich über eine Länge von fast zwei Kilometern und bot eine überwältigende Auswahl an thailändischen Gerichten. Von köstlichen Currys und frisch zubereitetem Pad Thai bis hin zu exotischen Früchten und traditionellen Süßspeisen – die Vielfalt und Fülle dieses Buffets waren schlichtweg atemberaubend.

Das riesige Buffet wurde anlässlich eines Festivals im thailändischen Pattaya organisiert und zog Tausende von Besuchern an, die sich an den Delikatessen labten. Dieses Buffet war nicht nur ein Fest der Sinne, sondern auch ein Beweis für die organisatorische Meisterleistung der thailändischen Veranstalter. Es diente als stolzes Symbol der thailändischen Gastfreundschaft und kulinarischen Vielfalt und setzte einen neuen Maßstab für gigantische Buffets weltweit.

Das teuerste Buffet der Welt:

Luxus pur im Wynn Las Vegas

Wenn es um Extravaganz und Luxus geht, ist Las Vegas der unangefochtene Spitzenreiter. Die Stadt, die für ihre verschwenderische Pracht bekannt ist, bietet nicht nur eine Vielzahl von Buffets, sondern auch das wohl teuerste Buffet der Welt. Im Wynn Las Vegas, einem der luxuriösesten Hotels der Stadt, können Gäste ein Buffet erleben, das durch seine außergewöhnliche Qualität und Exklusivität besticht.

Das Buffet im Wynn Las Vegas bietet nicht nur die übliche Vielfalt an internationalen Gerichten, sondern setzt auf absolute Spitzenqualität. Hier findet man alles von Trüffel und Kaviar bis hin zu frischen Meeresfrüchten, die täglich aus den besten Regionen der Welt importiert werden. Das Buffet bietet außerdem eine beeindruckende Auswahl an Sushi, das von erfahrenen japanischen Köchen vor den Augen der Gäste zubereitet wird. Die Desserts sind kleine Kunstwerke für sich, die von preisgekrönten Konditoren kreiert wurden.

Mit einem Preis von über 100 US-Dollar pro Person ist dieses Buffet nicht nur eines der teuersten, sondern auch eines der exklusivsten. Die Gäste zahlen hier nicht nur für die Menge, sondern vor allem für die Qualität und das außergewöhnliche kulinarische Erlebnis, das ihnen geboten wird.

Das größte Buffet der Welt:

Das Royal Dragon Restaurant in Bangkok

Bangkok ist nicht nur die Hauptstadt Thailands, sondern auch die Heimat des größten Buffets der Welt. Das Royal Dragon Restaurant, auch bekannt als Mang Gorn Luang, hat sich einen Platz im Guinness-Buch der Rekorde verdient. Mit einer Fläche von über 8.000 Quadratmetern und einer Kapazität von mehr als 5.000 Gästen ist dieses Restaurant ein wahrer Gigant in der Welt der Gastronomie.

Das Buffet im Royal Dragon Restaurant bietet eine nahezu unerschöpfliche Auswahl an Gerichten aus der thailändischen, chinesischen und internationalen Küche. Die Gäste können aus hunderten von Speisen wählen, die auf dutzenden von langen Tischen präsentiert werden. Die beeindruckende Größe des Restaurants und die Vielfalt der angebotenen Speisen machen den Besuch zu einem Erlebnis, das weit über das bloße Essen hinausgeht.

Doch das Royal Dragon Restaurant bietet nicht nur ein riesiges Buffet, sondern auch eine einzigartige Unterhaltung. Kellner auf Rollschuhen servieren die Speisen in rasantem Tempo, und traditionelle thailändische Tanzvorführungen sorgen für zusätzliche Unterhaltung. Dieses Buffet ist ein perfektes Beispiel dafür, wie Gastronomie und Unterhaltung kombiniert werden können, um den Gästen ein unvergessliches Erlebnis zu bieten.

Die größte Auswahl:

Das Bacchanal Buffet im Caesars Palace, Las Vegas

Las Vegas ist zweifellos die Stadt der Buffets, und das Bacchanal Buffet im Caesars Palace ist das ultimative Highlight. Mit über 500 verschiedenen Gerichten, die täglich angeboten werden, hält es den Rekord für die größte Auswahl in einem einzigen Buffet. Dieses Buffet ist ein wahres Paradies für Feinschmecker, die die Möglichkeit haben, sich durch eine nahezu endlose Vielfalt an internationalen und regionalen Spezialitäten zu probieren.

Das Bacchanal Buffet ist berühmt für seine Frische und Qualität. Jedes Gericht wird mit größter Sorgfalt zubereitet, und die Präsentation der Speisen ist schlichtweg beeindruckend. Die Gäste können aus einer Vielzahl von Meeresfrüchten, Sushi, Steaks, Pasta, asiatischen Gerichten und vielem mehr wählen.

Die Stationen für live zubereitete Speisen bieten zusätzlich eine interaktive Komponente, die das Buffet-Erlebnis noch bereichert.

Die unglaubliche Vielfalt des Bacchanal Buffets hat es zu einem Muss für jeden Besucher von Las Vegas gemacht. Es ist mehr als nur ein Buffet; es ist eine kulinarische Reise um die Welt, die den Gästen ein einzigartiges Erlebnis bietet, das sie so schnell nicht vergessen werden.

Das exotischste Buffet:

Das Safari Park Hotel in Nairobi, Kenia

Für diejenigen, die nach einem wirklich außergewöhnlichen Buffet-Erlebnis suchen, bietet das Safari Park Hotel in Nairobi, Kenia, etwas ganz Besonderes. Hier können die Gäste ein ›All you can eat‹-Buffet genießen, das nicht nur durch seine Vielfalt, sondern auch durch seine exotischen Speisen besticht. Das Buffet bietet eine breite Palette an afrikanischen Gerichten, darunter auch einige der ungewöhnlichsten Fleischsorten der Welt.

Das ›Nyama Choma‹ (gegrilltes Fleisch) Buffet im Safari Park Hotel ist berühmt für seine Auswahl an Wildfleisch. Von Krokodil über Strauß bis hin zu Zebra – dieses Buffet bietet eine einmalige Gelegenheit, exotische Fleischsorten zu probieren, die man sonst kaum finden würde. Die Speisen werden nach traditionellen afrikanischen Rezepten zubereitet und bieten den

Gästen ein authentisches Geschmackserlebnis, das die reiche kulinarische Kultur Afrikas widerspiegelt.

Neben der beeindruckenden Auswahl an Fleischgerichten bietet das Buffet auch eine Vielzahl von Beilagen, die aus frischen, lokalen Zutaten zubereitet werden. Traditionelle afrikanische Tänze und Musik sorgen für eine lebendige Atmosphäre, die das Buffet zu einem unvergesslichen Erlebnis macht.

Das nachhaltigste Buffet:

Silo in London, Großbritannien

In einer Zeit, in der Nachhaltigkeit immer wichtiger wird, sticht das Restaurant Silo in London als eines der umweltfreundlichsten Buffets der Welt hervor. Silo hat sich der Zero-Waste-Philosophie verschrieben und bietet ein Buffet, das nicht nur köstlich, sondern auch nachhaltig ist. Das Restaurant verwendet ausschließlich regionale und saisonale Zutaten und setzt auf innovative Techniken, um Abfall zu vermeiden.

Das Buffet im Silo ist ein Paradebeispiel dafür, wie das ›All you can eat‹-Konzept mit Umweltbewusstsein kombiniert werden kann. Hier wird darauf geachtet, dass keine Lebensmittel verschwendet werden, und alle Überreste werden entweder kompostiert oder recycelt. Die Speisen sind nicht nur gesund und frisch, sondern auch mit einem tiefen Bewusstsein für die Auswirkungen auf die Umwelt zubereitet.

Die Gäste von Silo können sich auf eine Auswahl an kreativen und innovativen Gerichten freuen, die sowohl ihren Gaumen erfreuen als auch ihr Umweltbewusstsein stärken. Das Buffet im Silo zeigt, dass es möglich ist, Genuss und Nachhaltigkeit miteinander zu verbinden und dabei ein unvergessliches kulinarisches Erlebnis zu bieten.

Buffets der Superlative als Spiegel der Kultur

Die Buffets der Superlative, die in diesem Kapitel vorgestellt wurden, sind mehr als nur Orte, an denen man essen kann. Sie sind Ausdruck von Kreativität, Kultur und kulinarischer Vielfalt. Von den längsten Buffets der Welt über die luxuriösesten und exotischsten bis hin zu den nachhaltigsten – jedes dieser Buffets erzählt seine eigene Geschichte und bietet den Gästen ein Erlebnis, das weit über das reine Essen hinausgeht.

Diese außergewöhnlichen Buffets zeigen, wie weit das ›All you can eat‹-Konzept in der Lage ist, sich zu entwickeln und anzupassen. Sie spiegeln die kulturellen Besonderheiten und Werte der jeweiligen Länder wider und bieten den Gästen die Möglichkeit, in die kulinarischen Welten anderer Kulturen einzutauchen. Letztendlich sind diese Buffets nicht nur Rekordhalter, sondern auch Botschafter des kulinarischen Erbes und der Gastfreundschaft ihrer jeweiligen Regionen.

Soziologische Aspekte

Gemeinschaftsgefühl und soziale Dynamiken

Das ›All you can eat‹-Buffet ist weit mehr als nur eine gastronomische Attraktion. Es ist ein soziales Phänomen, das tief in die kulturellen und gesellschaftlichen Strukturen eingreift. Seit jeher hat das gemeinsame Essen eine zentrale Rolle in der Menschheitsgeschichte gespielt, als Mittel zur Schaffung von Gemeinschaft, zum Austausch von Ideen und zur Pflege sozialer Bindungen. In der modernen Gesellschaft hat sich das Buffet, insbesondere in seiner ›All you can eat‹-Form, als eine besondere Bühne etabliert, auf der diese sozialen Dynamiken auf bemerkenswerte Weise zur Geltung kommen.

Die Tradition des gemeinsamen Essens

Das gemeinsame Essen hat in allen Kulturen der Welt eine besondere Bedeutung. Es ist ein Akt der Zusammenkunft, bei dem nicht nur Nahrung geteilt wird, sondern auch Geschichten, Emotionen und Erfahrungen. In vielen traditionellen Gesellschaften war das Mahlzeitenritual ein zentraler Bestandteil des Gemeinschaftslebens. Es diente nicht nur der physischen Nahrungsaufnahme, sondern auch der sozialen Interaktion und dem Zusammenhalt der Gruppe. Das Teilen von Essen war und ist ein Zeichen von Gastfreundschaft und Zugehörigkeit.

Im Laufe der Jahrhunderte hat sich dieses Prinzip des gemeinsamen Essens in verschiedenen Formen manifestiert, von den großen Festgelagen in der Antike über die rituellen Mahlzeiten in religiösen Gemeinschaften bis hin zu den familiären Zusammenkünften in modernen Gesellschaften. Das Buffet, insbesondere in seiner ›All you can eat‹-Variante, setzt diese Tradition fort und adaptiert sie an die Bedürfnisse und Erwartungen der heutigen Zeit.

Das Buffet als sozialer Raum

Das ›All you can eat‹-Buffet stellt einen besonderen sozialen Raum dar, in dem Menschen unterschiedlichster Herkunft und sozialer Schichten aufeinandertreffen. Es bietet eine lockere und ungezwungene Atmosphäre, die es den Gästen ermöglicht, miteinander in Kontakt zu treten, ohne den oft formalen Rahmen eines traditionellen Restaurantbesuchs. Hier wird der Tisch zur Bühne, auf der die soziale Interaktion im Mittelpunkt steht.

Die Dynamik eines Buffets, bei dem sich die Gäste selbst bedienen und ihre Speisen nach eigenem Ermessen zusammenstellen, schafft ein Gefühl von Freiheit und Unabhängigkeit. Gleichzeitig fördert es das Gemeinschaftsgefühl, da die Gäste sich beim Durchstreifen des Buffets, beim Anstehen an den Stationen und beim gegenseitigen Empfehlen von Gerichten immer wieder begegnen und austauschen können. Das Buffet wird so zu einem Katalysator für soziale Interaktionen, bei dem das Teilen von Empfehlungen und Entdeckungen genauso wichtig ist wie das Essen selbst.

Gemeinschaftsgefühl und soziale Bindungen

Das ›All you can eat‹-Buffet hat eine besondere Fähigkeit, Gemeinschaftsgefühl und soziale Bindungen zu stärken. Die gemeinsame Erfahrung des Essens in einem solchen Umfeld kann Beziehungen vertiefen und neue Freundschaften entstehen lassen. Es ist ein Ort, an dem man in entspannter Atmosphäre Zeit miteinander verbringen, lachen und Gespräche führen kann, ohne den Druck, eine bestimmte Etikette einhalten zu müssen.

Das Buffet schafft zudem eine Ebene der Gleichheit unter den Gästen. Unabhängig von sozialem Status oder Herkunft bedienen sich alle am gleichen Tisch, was eine gewisse Demut und ein Gefühl der Gemeinsamkeit hervorruft. Jeder Gast hat die gleiche Auswahl und dieselbe Freiheit, seine Mahlzeiten zu gestalten, was das Gefühl der Inklusion und des Zusammenhalts verstärkt.

Besonders in Gruppen, sei es bei Familienfeiern, Firmenveranstaltungen oder gesellschaftlichen Anlässen, zeigt sich die Stärke des Buffets als sozialer Katalysator. Hier können unterschiedliche Vorlieben und Geschmäcker problemlos unter einen Hut gebracht werden, da jeder Gast die Möglichkeit hat, nach seinem eigenen Gusto zu speisen. Dies fördert das Gemeinschaftsgefühl und reduziert potenzielle Konflikte, die bei der Wahl eines Menüs in traditionelleren Restaurantsettings auftreten könnten.

Das Buffet als Ort der kulturellen Begegnung

Ein weiterer unglaublicher Aspekt des ›All you can eat‹-Buffets ist seine Rolle als Ort der kulturellen Begegnung. In vielen Buffets, insbesondere in großen Städten oder touristischen Hotspots, finden sich Gerichte aus aller Welt. Dies ermöglicht den Gästen nicht nur eine kulinarische Reise durch verschiedene Länder und Kulturen, sondern auch eine Form der stillen Interaktion mit diesen Kulturen.

Das Buffet wird so zu einem Mikrokosmos der globalen Küche, in dem die Gäste die Vielfalt der Welt auf ihren Tellern erleben können. Dies kann das Verständnis und die Wertschätzung für andere Kulturen fördern, da das gemeinsame Essen eine universelle Sprache ist, die kulturelle Barrieren überwindet. Die Tatsache, dass Gäste unterschiedlicher Herkunft nebeneinander speisen und die gleichen Gerichte genießen, schafft eine stille, aber mächtige Form der kulturellen Integration.

Die Rolle des Buffets in der modernen Gesellschaft
In der modernen, oft hektischen Gesellschaft bietet das ›All you can eat‹-Buffet eine willkommene Oase der Entspannung und des sozialen Austauschs. Es ist ein Ort, an dem die Menschen für einen Moment den Druck und die Anforderungen des Alltags hinter sich lassen können, um sich ganz dem Genuss und der Gemeinschaft hinzugeben. Diese Funktion des Buffets als sozialer Raum wird in einer Zeit, in der soziale Netzwerke oft digitaler Natur sind, immer wichtiger.

Das Buffet fördert auch eine Form der Interaktion, die in unserer von Individualität geprägten Gesellschaft manchmal zu kurz kommt: das Teilen. Auch wenn das ›All you can eat‹-Konzept auf den ersten Blick den individuellen Konsum betont, so ist es doch das gemeinsame Erlebnis, das im Vordergrund steht. Das Teilen von Erfahrungen, das Empfehlen von Gerichten und das gemeinsame Entdecken neuer Geschmäcker schaffen ein Gefühl der Verbundenheit, das in anderen gastronomischen Kontexten schwer zu erreichen ist.

Das Buffet als sozialer Anker

Das ›All you can eat‹-Buffet ist mehr als nur eine Form der Nahrungsaufnahme. Es ist ein sozialer Anker, der Menschen zusammenbringt und soziale Bindungen stärkt. In einer Zeit, in der das gemeinsame Essen oft durch den schnellen, individuellen Konsum verdrängt wird, bietet das Buffet eine Möglichkeit, diese verloren gegangenen Traditionen wiederzubeleben. Es fördert das Gemeinschaftsgefühl, die soziale Interaktion und die kulturelle Begegnung und spielt somit eine wichtige Rolle in der modernen Gesellschaft.

Das Buffet ist ein Ort, an dem das Essen nicht nur den Körper nährt, sondern auch die Seele. Es ist ein Raum, in dem Menschen auf natürliche und ungezwungene Weise miteinander in Kontakt treten können, was das Buffet zu einem unverzichtbaren Bestandteil unserer sozialen Landschaft macht. Die ›All you can eat‹-Kultur, die an Buffets besonders deutlich wird, ist daher nicht nur ein gastronomisches, sondern auch ein soziales Phänomen, das das Potenzial hat, unsere Gesellschaft positiv zu beeinflussen.

Die Rolle der Medien

Filme, Fernsehen und Popkultur

Die Idee des ›All you can eat‹-Buffets hat sich längst in der globalen Popkultur verankert und wird dabei nicht nur als ein einfaches gastronomisches Angebot wahrgenommen, sondern als ein Symbol für Überfluss, Freiheit und manchmal auch als Sinnbild der menschlichen Gier. Das Bild des endlosen Buffets ist in Filmen, Fernsehserien und anderen Medien omnipräsent und hat die öffentliche Wahrnehmung dieses Konzepts tiefgreifend geprägt. Diese Darstellung in der Popkultur hat maßgeblich dazu beigetragen, das ›All you can eat‹-Buffet zu einem kulturellen Phänomen zu machen, das weit über die bloße Nahrungsaufnahme hinausgeht.

Der ›All you can eat‹-Mythos im Film

Im Film hat das ›All you can eat‹-Buffet häufig eine symbolische Bedeutung. Es wird oft als Metapher für den amerikanischen Traum dargestellt – die Verheißung, dass jeder Mensch die Möglichkeit hat, unbegrenzt von allem zu genießen, ohne Rücksicht auf Verluste. In vielen Komödien und Satiren dient das Buffet als Schauplatz für Szenen, die Exzess und Überfluss karikieren. Diese Darstellungen spielen mit der Verblüffung und gleichzeitig der Absurdität des Konzepts: ein Ort, an dem man so viel essen kann, wie man möchte, scheint sowohl verlockend als auch dekadent.

Ein bekanntes Beispiel hierfür ist die ikonische Szene aus dem Film Ferris Bueller's Day Off (1986), in der Ferris und seine Freunde ein luxuriöses Restaurant besuchen und sich wie selbstverständlich am Buffet bedienen. Diese Szene verdeutlicht das Gefühl von Freiheit und Rebellion, das mit dem Buffet verbunden wird. Der Akt, sich hemmungslos am Buffet zu bedienen, wird hier als Ausdruck des ›Sich-Nehmens‹ verstanden, als eine Art symbolische Aneignung von Reichtum und Genuss.

In anderen Filmen, insbesondere in Komödien, wird das ›All you can eat‹-Buffet als Schauplatz für maßlose Völlerei genutzt. Szenen, in denen Charaktere Berge von Essen auf ihren Tellern anhäufen, bis sie vor Völlegefühl fast platzen, sind in der filmischen Darstellung dieses Konzepts ein wiederkehrendes Motiv. Diese Darstellung spielt mit der Ambivalenz des Buffets: Es ist einerseits ein Ort des Vergnügens, andererseits auch ein Raum, in dem sich die menschlichen Schwächen und das Potenzial zur Selbstüberschätzung offenbaren.

Fernsehen:

Buffets als Unterhaltung

Im Fernsehen hat das ›All you can eat‹-Buffet eine zentrale Rolle in verschiedenen Genres gespielt, von Reality-TV-Shows bis hin zu Sitcoms. Besonders in den USA sind Buffets häufige Schauplätze in Shows, die sich mit Essen und Gastronomie beschäftigen. Hier wird das Buffet nicht nur als Nahrungsquelle, sondern auch als soziale Arena dargestellt, in der Menschen miteinander konkurrieren, sich präsentieren oder einfach nur genießen.

Reality-TV-Shows wie Man v. Food haben das ›All you can eat‹-Konzept auf die Spitze getrieben, indem sie das Prinzip des Essens ohne Limit mit dem Wettbewerbsgedanken vermischen. In solchen Shows tritt der Gastgeber gegen gigantische Portionen an, um zu beweisen, dass er das Buffet ›besiegen‹ kann. Diese Darstellungen verstärken den Mythos des Buffets als Ort des ultimativen kulinarischen Überflusses und stärken gleichzeitig das Bild des Buffets als Herausforderung, die es zu meistern gilt.

In Sitcoms und Familienserien dient das Buffet oft als humorvoller Hintergrund für Episoden, in denen Charaktere ihre Gelüste oder die Dynamiken innerhalb von Familien und Freundesgruppen ausleben. Eine berühmte Szene aus The Simpsons zeigt Homer Simpson, wie er in einem ›All you can eat‹-Restaurant eine so große Menge an Essen konsumiert, dass der Besitzer ihn hinauswirft, was Homer jedoch als Vertragsbruch ansieht und den Betreiber verklagt. Diese Szene karikiert die Idee des ›All you can eat‹-Buffets als eine Einladung zu ungezügeltem Konsum und stellt gleichzeitig die Unmöglichkeit dar, diese Einladung zu erfüllen, ohne die Grenzen des Anstands oder des Möglichen zu überschreiten.

Popkultur:

Das ›All you can eat‹-Buffet als Symbol

In der breiteren Popkultur ist das ›All you can eat‹-Buffet zu einem Symbol geworden, das weit über die eigentliche Idee hinausgeht. Es steht für Überfluss, Luxus und das Versprechen, dass in einer Konsumgesellschaft alles und jederzeit verfügbar ist. Dieses Symbol wird in Musikvideos, Kunstinstallationen und sogar in der Mode genutzt, um ein Bild der modernen Kultur zu zeichnen, das von Überfluss und Exzess geprägt ist.

In der Musikindustrie findet sich das Bild des Buffets in Songtexten und Musikvideos wieder, die den Überfluss und die Dekadenz der modernen Gesellschaft thematisieren. In der Kunst wird das Buffet manchmal als Metapher für die Konsumgesellschaft verwendet, in der alles zum Verkauf steht und in der die Gier nach mehr nie gestillt werden kann.

Die Modebranche hat ebenfalls Anleihen beim ›All you can eat‹-Konzept gemacht, indem sie Kleidung und Accessoires kreiert hat, die diese Idee des Überflusses und der unendlichen Möglichkeiten widerspiegeln. In einer Welt, in der ›Fast Fashion‹ den Markt dominiert, wird das Buffet zu einem Sinnbild für den grenzenlosen Konsum, der gleichzeitig fesselnd und abschreckt.

Einfluss auf die öffentliche Wahrnehmung

Die Darstellung des ›All you can eat‹-Buffets in den Medien hat die öffentliche Wahrnehmung dieses Konzepts nachhaltig geprägt. Einerseits wird das Buffet als eine verlockende Möglichkeit gesehen, ohne Grenzen zu schlemmen, andererseits wird es auch als ein Symbol für Exzess und Maßlosigkeit betrachtet. Diese ambivalente Wahrnehmung spiegelt sich in der Art und Weise wider, wie Menschen Buffets erleben – als Orte des Genusses, aber auch als Orte, an denen die eigene Selbstkontrolle auf die Probe gestellt wird.

Durch die mediale Darstellung wird das Buffet zudem oft mit der amerikanischen Kultur des Überflusses assoziiert. Das Bild von riesigen, endlosen Buffets, an denen sich Menschen ungehemmt bedienen, wird zu einem Stereotyp für das ›Land der unbegrenzten Möglichkeiten‹, das gleichzeitig Erstaunen und Kritik hervorruft. Diese Stereotype beeinflussen nicht nur die Wahrnehmung des Buffets, sondern auch die Wahrnehmung der Konsumkultur insgesamt.

Das Buffet als Spiegel der Gesellschaft

Das ›All you can eat‹-Buffet hat in der Popkultur eine bedeutende Rolle eingenommen und dient als Spiegelbild der Gesellschaft, in der es existiert. Durch die Darstellung in Filmen, Fernsehen und anderen Medien wird das Buffet zu einem Symbol für die kulturellen und sozialen Dynamiken unserer Zeit. Es verkörpert sowohl den Reiz für Überfluss und Freiheit als auch die Kritik an der Konsumgesellschaft und den damit verbundenen Exzessen.

Diese Darstellungen prägen nicht nur die Art und Weise, wie Menschen Buffets wahrnehmen, sondern auch, wie sie über Konsum, Genuss und Selbstkontrolle denken. Das Buffet wird so zu einem kulturellen Phänomen, das weit über die Gastronomie hinausgeht und tief in die sozialen und kulturellen Strukturen unserer Zeit eingreift. Es bleibt abzuwarten, wie sich dieses Bild in der Zukunft weiterentwickeln wird, doch eines ist sicher: Das ›All you can eat‹-Buffet wird auch weiterhin ein fester Bestandteil der Popkultur und der gesellschaftlichen Debatte bleiben.

Kritik und Kontroversen

Gesundheitliche und ethische Bedenken

Das ›All you can eat‹-Konzept, das für viele Menschen eine verlockende Möglichkeit bietet, unbegrenzt zu genießen, hat sich im Laufe der Jahre nicht nur zu einem wirtschaftlichen Erfolg, sondern auch zu einem kontrovers diskutierten Phänomen entwickelt. Während es für viele ein Symbol des Überflusses und der Freiheit ist, hat es auch eine Schattenseite, die sowohl gesundheitliche als auch ethische Bedenken aufwirft. Dieses Kapitel beleuchtet die verschiedenen Kritikpunkte am ›All you can eat‹-Modell und zeigt auf, wie diese Kritik in der Öffentlichkeit und unter Experten diskutiert wird.

Gesundheitliche Risiken:

Der Preis des Überflusses

Eines der zentralen Themen in der Kritik am ›All you can eat‹-Modell sind die gesundheitlichen Risiken, die mit übermäßigem Essen verbunden sind. Das Konzept, ohne Begrenzung zu essen, führt viele Menschen in die Versuchung, mehr zu konsumieren, als sie normalerweise würden. Diese Tendenz zur Überernährung wird in der Fachliteratur als ›Buffet-Effekt‹ bezeichnet und gilt als wesentlicher Faktor, der zu Übergewicht und damit verbundenen Krankheiten beiträgt.

Der menschliche Körper ist evolutionär darauf ausgelegt, Energie für Zeiten der Knappheit zu speichern. In einer Umgebung, in der Nahrung im Überfluss vorhanden ist, kann dies zu gesundheitlichen Problemen führen. Fettleibigkeit, Diabetes Typ 2, Bluthochdruck und Herz-Kreislauf-Erkrankungen sind nur einige der gesundheitlichen Folgen, die mit dem übermäßigen Konsum kalorienreicher Lebensmittel in Verbindung gebracht werden. Kritiker argumentieren, dass das ›All you can eat‹-Konzept diese ungesunden Ernährungsgewohnheiten fördert und somit einen Beitrag zur globalen Adipositas-Epidemie leistet.

Besonders problematisch ist die psychologische Komponente, die hinter dem ›All you can eat‹-Prinzip steht. Studien haben gezeigt, dass Menschen dazu neigen, mehr zu essen, wenn ihnen eine unbegrenzte Auswahl an Speisen zur Verfügung steht, insbesondere wenn sie das Gefühl haben, das Beste aus ihrem Geld herausholen zu müssen. Diese Überlegung, ›mehr für weniger‹ zu bekommen, kann dazu führen, dass Menschen ihre natürlichen Sättigungsgefühle ignorieren und über ihre körperlichen Bedürfnisse hinaus essen.

Ethische Bedenken:

Verschwendung von Lebensmitteln

Neben den gesundheitlichen Risiken wirft das ›All you can eat‹-Modell auch ethische Fragen auf, insbesondere in Bezug auf die Verschwendung von Lebensmitteln. Buffets sind dafür bekannt, große Mengen an Nahrung bereitzustellen, um den

Gästen eine Vielzahl von Optionen zu bieten. Dies führt jedoch häufig dazu, dass erhebliche Mengen an Essen weggeworfen werden. Laut Schätzungen wird weltweit etwa ein Drittel aller produzierten Lebensmittel verschwendet, und Buffets tragen in erheblichem Maße zu dieser Verschwendung bei.

Die ethischen Implikationen dieser Verschwendung sind weitreichend. Angesichts der Tatsache, dass Millionen von Menschen weltweit an Hunger leiden, wird das ›All you can eat‹-Modell von Kritikern als Beispiel für die Ungleichheit in der globalen Lebensmittelverteilung betrachtet. Die Vorstellung, dass in wohlhabenden Ländern Nahrung im Überfluss angeboten und verschwendet wird, während in anderen Teilen der Welt Menschen hungern, führt zu moralischen Dilemmata und verstärkt die Forderungen nach einer nachhaltigeren und gerechteren Nahrungsmittelverteilung.

Darüber hinaus trägt die Verschwendung von Lebensmitteln zu Umweltproblemen bei. Die Produktion von Lebensmitteln ist mit erheblichen Ressourcenverbräuchen verbunden, darunter Wasser, Energie und Land. Wenn Lebensmittel verschwendet werden, bedeutet dies, dass diese Ressourcen unnötigerweise verbraucht wurden. Dies verstärkt den ökologischen Fußabdruck der Lebensmittelproduktion und trägt zur Verschärfung der Klimakrise bei.

Soziale Verantwortung und Nachhaltigkeit

In Reaktion auf diese Kritikpunkte haben einige Gastronomen und Unternehmen begonnen, Maßnahmen zu ergreifen, um die negativen Auswirkungen des ›All you can eat‹-Modells zu minimieren. Dazu gehören Initiativen zur Reduzierung von Lebensmittelverschwendung, wie zum Beispiel die Einführung kleinerer Teller oder die Aufforderung an die Gäste, sich nur so viel zu nehmen, wie sie tatsächlich essen können. Auch die Zusammenarbeit mit Wohltätigkeitsorganisationen, um überschüssige Lebensmittel an Bedürftige zu spenden, gewinnt zunehmend an Bedeutung.

Ein weiteres Mittel, um die Verschwendung zu reduzieren, ist die Anpassung der Preisstruktur. Einige Restaurants haben begonnen, den Preis für Buffets zu senken, wenn die Gäste weniger konsumieren oder keine Reste auf ihrem Teller hinterlassen. Solche Anreize können dazu beitragen, das Bewusstsein für den verantwortungsvollen Umgang mit Lebensmitteln zu schärfen und die Verschwendung zu verringern.

Auf einer größeren Skala wird das Thema der Lebensmittelverschwendung auch in politischen und gesellschaftlichen Diskussionen aufgegriffen. Die Forderung nach nachhaltigeren Praktiken in der Gastronomie und der Lebensmittelindustrie wird immer lauter, und das ›All you can eat‹-Modell steht dabei häufig im Zentrum der Kritik. Der Druck auf Unternehmen, ihre Praktiken zu überdenken und sich stärker für soziale und ökologische Verantwortung zu engagieren, wächst.

Die Rolle der Konsumenten

Neben den Gastronomen tragen auch die Konsumenten eine Verantwortung. Das ›All you can eat‹-Modell funktioniert, weil es auf der Nachfrage der Gäste basiert. Wenn die Konsumenten bewusster mit ihrem Essverhalten umgehen und sich der Folgen ihrer Entscheidungen bewusst werden, könnten sie dazu beitragen, die negativen Auswirkungen dieses Konzepts zu reduzieren. Dies erfordert jedoch ein Umdenken, das über den bloßen Wunsch nach Sättigung und Genuss hinausgeht.

Bildung und Aufklärung spielen eine Schlüsselrolle in diesem Prozess. Indem die Konsumenten mehr über die gesundheitlichen Risiken und ethischen Implikationen des ›All you can eat‹-Prinzips erfahren, können sie informierte Entscheidungen treffen, die sowohl ihrem eigenen Wohl als auch dem Wohl der Gesellschaft und des Planeten dienen. Initiativen, die sich auf die Sensibilisierung der Öffentlichkeit für diese Themen konzentrieren, sind daher von entscheidender Bedeutung, um ein nachhaltigeres und verantwortungsbewussteres Essverhalten zu fördern.

Eine ambivalente Erfolgsstory

Das ›All you can eat‹-Modell ist ein betörendes Beispiel für die Ambivalenz des modernen Konsums. Auf der einen Seite steht es für Freiheit, Genuss und die Erfüllung von Wünschen, auf der anderen Seite für Übermaß, Verschwendung und gesundheitliche Risiken. Die Kritik an diesem Konzept ist vielfältig und komplex, und sie reflektiert die größeren Herausforderungen, denen sich die Gesellschaft im Umgang mit Ressourcen, Gesundheit und sozialer Gerechtigkeit gegenübersieht.

Während das ›All you can eat‹-Buffet für viele Menschen eine verlockende Möglichkeit bleibt, unbegrenzt zu genießen, wirft es gleichzeitig wichtige Fragen auf, die nicht ignoriert werden können. Die Zukunft dieses Modells hängt davon ab, wie es gelingt, die Balance zwischen Genuss und Verantwortung zu finden – sowohl auf individueller als auch auf gesellschaftlicher Ebene. Nur so kann das ›All you can eat‹-Konzept in einer Welt Bestand haben, die zunehmend von den Anforderungen an Nachhaltigkeit und soziale Gerechtigkeit geprägt ist.

Innovationen und
technologische Einflüsse

Digitalisierung des Buffets

Die Gastronomiebranche hat in den letzten Jahrzehnten eine Reihe von tiefgreifenden Veränderungen durchlaufen, die nicht zuletzt durch technologische Innovationen und die zunehmende Digitalisierung geprägt wurden. Das ›All you can eat‹-Konzept, das traditionell auf physische Präsenz und direkte Interaktionen zwischen Gast und Buffet basiert, bleibt von diesen Entwicklungen nicht unberührt. Dieses Kapitel widmet sich der Frage, wie moderne Technologien das Buffet-Erlebnis verändern und das ›All you can eat‹-Modell digitalisieren, wobei sowohl Chancen als auch Herausforderungen beleuchtet werden.

Die digitale Revolution in der Gastronomie

Die Digitalisierung hat in vielen Branchen Einzug gehalten und dabei Prozesse optimiert, den Zugang zu Dienstleistungen erleichtert und neue Geschäftsmöglichkeiten geschaffen. Die Gastronomie bildet hierbei keine Ausnahme. Von der Online-Reservierung über die digitale Speisekarte bis hin zu komplexen Managementsystemen – die Branche hat sich rasant weiterentwickelt. Das Buffet als zentrales Element des ›All you can eat‹-

Konzepts ist hierbei nicht nur ein Nutznießer, sondern auch ein Katalysator für technologische Innovationen.

Eines der auffälligsten Beispiele für den Einfluss der Digitalisierung auf das Buffet ist die Einführung von Self-Ordering-Systemen. Diese Systeme ermöglichen es den Gästen, ihre Speisen direkt über Tablets oder Smartphones auszuwählen und zu bestellen. Diese Technologien bieten nicht nur eine effizientere Abwicklung des Bestellprozesses, sondern auch eine personalisierte und interaktive Erfahrung. Gäste können detaillierte Informationen über die angebotenen Speisen abrufen, einschließlich Nährwertangaben und Herkunft der Zutaten, was das Bewusstsein für eine bewusste Ernährung stärkt.

Automatisierung und Robotik:

Das Buffet der Zukunft

Eine weitere wichtige Entwicklung in der Digitalisierung des Buffets ist der Einsatz von Robotik und Automatisierung. Roboter, die in der Lage sind, Speisen zuzubereiten, zu servieren oder sogar das Buffet nachzufüllen, sind keine Zukunftsvision mehr, sondern bereits Realität in einigen innovativen Restaurants weltweit. Diese Technologien bieten nicht nur eine konstante Qualität und Präzision, sondern reduzieren auch den Bedarf an menschlicher Arbeitskraft, was insbesondere in Zeiten von Arbeitskräftemangel von Vorteil ist.

Ein Beispiel für diese Entwicklung ist der Einsatz von Servicerobotern, die in der Lage sind, große Mengen an Speisen effizient zu transportieren und am Buffet bereitzustellen. Diese Roboter, die oft mit Künstlicher Intelligenz (KI) ausgestattet sind, können nicht nur Speisen an den Tisch bringen, sondern auch den Gästen Empfehlungen basierend auf ihren Vorlieben geben, die durch vorherige Bestellungen oder durch das Verhalten anderer Gäste mit ähnlichen Präferenzen ermittelt wurden.

Darüber hinaus experimentieren einige Betriebe mit vollautomatisierten Buffets, bei denen Roboterarme oder automatisierte Förderbänder die Speisen in präzisen Portionen ausgeben. Diese Technologien minimieren nicht nur die Verschwendung von Lebensmitteln, indem sie eine genauere Kontrolle über die ausgegebenen Mengen ermöglichen, sondern bieten auch eine hygienische Lösung, die insbesondere in Zeiten von Gesundheitskrisen wie der COVID-19-Pandemie an Bedeutung gewonnen hat.

Virtuelle Buffets und Augmented Reality:

Ein neues Erlebnis

Mit der Weiterentwicklung von Technologien wie Augmented Reality (AR) und Virtual Reality (VR) beginnt sich auch die Art und Weise, wie Gäste Buffets erleben, grundlegend zu verändern. Virtuelle Buffets, die es den Gästen ermöglichen, ihre Auswahl durch interaktive, dreidimensionale Darstellungen der Speisen zu treffen, schaffen ein völlig neues Erlebnis. Diese digitalen Erweiterungen können den Gästen nicht nur ein besseres Verständnis dafür vermitteln, was sie auswählen, sondern auch zusätzliche Informationen bieten, die in einer physischen Buffetumgebung schwer zugänglich wären.

Augmented Reality kann zum Beispiel genutzt werden, um detaillierte Beschreibungen von Speisen direkt auf dem Buffet-Display anzuzeigen, oder um den Gästen eine Vorschau darauf zu geben, wie bestimmte Speisen zubereitet oder serviert werden könnten. Diese Erweiterungen bereichern das Buffet-Erlebnis, indem sie eine Verbindung zwischen der realen und der digitalen Welt herstellen und den Gästen mehr Kontrolle und Transparenz bieten.

Ein weiteres beispielloses Konzept, das in der Digitalisierung des Buffets an Bedeutung gewinnt, ist das sogenannte ›Virtuelle Buffet‹. In diesem Modell können Gäste ihre Auswahl digital vornehmen und ihre Speisen anschließend in einer physischen Umgebung serviert bekommen. Dies ermöglicht eine individualisierte Erfahrung, bei der Gäste ihre Vorlieben und Bedürfnisse bereits im Vorfeld kommunizieren können, was nicht nur den Komfort erhöht, sondern auch die Effizienz der Küchenabläufe steigert.

Nachhaltigkeit durch digitale Lösungen

Die Digitalisierung bietet auch erhebliche Vorteile in Bezug auf Nachhaltigkeit und Ressourcenschonung. Durch den Einsatz digitaler Managementsysteme können Restaurants ihren Lebensmittelverbrauch genauer überwachen und anpassen. Diese Systeme sammeln und analysieren Daten in Echtzeit, was es den Betreibern ermöglicht, Angebot und Nachfrage besser abzustimmen und dadurch Lebensmittelverschwendung zu minimieren.

Ein Beispiel hierfür ist die Implementierung von Prognosesoftware, die basierend auf historischen Daten und aktuellen Trends Vorhersagen darüber trifft, welche Speisen zu welchem Zeitpunkt am meisten nachgefragt werden. Diese Technologien ermöglichen es, das Buffetangebot dynamisch anzupassen, sodass immer nur die benötigten Mengen bereitgestellt werden. Darüber hinaus können diese Systeme den Betreibern helfen, Lieferketten effizienter zu gestalten und den CO_2-Fußabdruck zu reduzieren.

Digitale Systeme können zudem das Verbraucherverhalten beeinflussen, indem sie Gäste dazu ermutigen, bewusster mit den angebotenen Speisen umzugehen. Apps und Plattformen, die Informationen über den ökologischen Fußabdruck der ausgewählten Speisen liefern, können die Gäste dazu anregen, nachhaltigere Entscheidungen zu treffen, was wiederum einen positiven Effekt auf die Umwelt hat.

Herausforderungen der Digitalisierung

Trotz der zahlreichen Vorteile, die die Digitalisierung des ›All you can eat‹-Konzepts mit sich bringt, gibt es auch Herausforderungen, die nicht ignoriert werden können. Eine der größten Herausforderungen besteht in der Anpassung der Infrastruktur. Viele traditionelle Restaurants und Buffet-Betriebe sind nicht für die Einführung komplexer digitaler Systeme ausgelegt, was

Investitionen in neue Technologien und Schulungen des Personals erforderlich macht.

Zudem kann die zunehmende Automatisierung und der Einsatz von Robotik in der Gastronomie zu einer Entfremdung der Gäste führen. Das traditionelle Buffet-Erlebnis, das stark auf menschlicher Interaktion und der Atmosphäre eines gemeinschaftlichen Essens basiert, könnte durch die Digitalisierung an Wärme und Authentizität verlieren. Es besteht die Gefahr, dass die Gäste das Gefühl haben, dass die persönliche Note verloren geht, die für viele ein wesentlicher Bestandteil des Essens ist.

Ein weiterer Aspekt, der berücksichtigt werden muss, ist die Sicherheit und der Datenschutz. Mit der Digitalisierung von Bestell- und Bezahlsystemen steigen die Anforderungen an die Sicherheit sensibler Daten. Die Gastronomiebranche muss sicherstellen, dass die Daten der Gäste geschützt sind und dass die verwendeten Systeme robust gegen Cyberangriffe sind.

Ein Blick in die Zukunft

Die Digitalisierung des ›All you can eat‹-Buffets steht erst am Anfang, doch die Richtung ist klar: Technologien wie Automatisierung, Künstliche Intelligenz und Augmented Reality werden das Konzept grundlegend verändern. Während diese Entwicklungen zahlreiche Vorteile bieten, von Effizienzsteigerungen bis hin zu nachhaltigerem Wirtschaften, bringen sie auch Herausforderungen mit sich, die nicht ignoriert werden dürfen.

Die Zukunft des ›All you can eat‹-Buffets wird von einem Zu-sammenspiel aus Tradition und Innovation geprägt sein. Es wird darauf ankommen, die Vorzüge der Digitalisierung zu nutzen, ohne die elementaren Werte des gemeinschaftlichen Essens und der Gastfreundschaft zu verlieren. Wenn es gelingt, diese Balance zu finden, wird das ›All you can eat‹-Modell nicht nur überleben, sondern in einer digitalisierten Welt neu aufblü-hen.

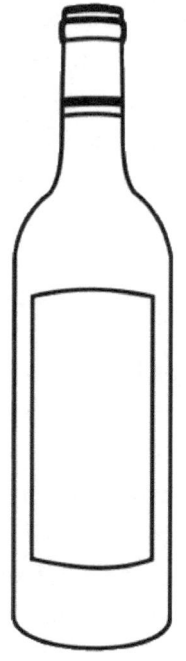

Nischenbuffets

Spezialangebote und neue Trends

Das klassische ›All you can eat‹-Buffet, wie es aus Hotelrestaurants und Ferienresorts bekannt ist, hat sich über die Jahre
hinweg stark weiterentwickelt. Was einst als einfaches Konzept
begann, um Gästen eine breite Palette an Speisen anzubieten,
hat sich mittlerweile diversifiziert und spezialisiert. Ein bemerkenswerter Trend in dieser Entwicklung ist das Aufkommen
von Nischenbuffets, die sich gezielt auf bestimmte Küchen,
Diäten oder Themen konzentrieren. Diese Buffets bedienen
nicht nur spezielle Geschmäcker und Ernährungsbedürfnisse,
sondern spiegeln auch den wachsenden Wunsch der Konsumenten nach Individualisierung und bewusster Ernährung wider.

Die Entstehung spezialisierter Buffets

In der Gastronomieszene begann man, die Grenzen des traditionellen Buffets zu erweitern, als sich die Bedürfnisse und
Vorlieben der Gäste diversifizierten. In einer Welt, in der kulturelle Vielfalt, Gesundheitsbewusstsein und ökologische Verantwortung eine immer größere Rolle spielen, erwies sich das
klassische ›All you can eat‹-Buffet als anpassungsfähig und
wandlungsfähig. Aus dieser Dynamik heraus entstanden spezia-
lisierte Buffets, die es den Gästen ermöglichten, nicht nur in die
Fülle der Optionen einzutauchen, sondern auch gezielte,

hochwertige und oft thematisch abgestimmte Angebote zu genießen.

Beispielsweise sind Buffets entstanden, die sich ausschließlich auf die vegetarische oder vegane Küche konzentrieren. Diese Entwicklung spiegelt den wachsenden Trend zu pflanzenbasierter Ernährung wider und ermöglicht es Menschen mit bestimmten Ernährungsüberzeugungen, eine ebenso reiche Auswahl zu genießen wie bei einem traditionellen Buffet. Das Angebot reicht von kreativen Gemüsekreationen über pflanzliche Proteinalternativen bis hin zu exotischen, rein pflanzlichen Dessertoptionen. Solche Buffets bieten nicht nur eine Antwort auf die wachsende Nachfrage nach vegetarischen und veganen Optionen, sondern fördern auch ein tieferes Verständnis und eine größere Wertschätzung für diese Ernährungsweise.

Diätetische Buffets:

Gesundheit trifft Genuss

Mit dem wachsenden Gesundheitsbewusstsein in der Gesellschaft entstand eine neue Art von Buffet: das diätetische Buffet. Diese Buffets sind so konzipiert, dass sie den speziellen Bedürfnissen und Einschränkungen bestimmter Ernährungsweisen gerecht werden, ohne dabei den Genuss zu vernachlässigen. Von glutenfreien Buffets über kohlenhydratarme bis hin zu ketogenen Angeboten – die Vielfalt ist beeindruckend. Diese Buffets bieten den Gästen die Möglichkeit, sich ihrer Gesundheit und Ernährung treu zu bleiben, während sie dennoch die Freiheit und Auswahl eines ›All you can eat‹-Erlebnisses genießen.

Die Herausforderung bei der Gestaltung solcher Buffets liegt in der Balance zwischen gesundheitlicher Integrität und kulinarischem Vergnügen. Oftmals werden diese Buffets von Ernährungsberatern oder Diätologen in Zusammenarbeit mit Küchenchefs entwickelt, um sicherzustellen, dass die angebotenen Speisen nicht nur den diätetischen Anforderungen entsprechen, sondern auch geschmacklich überzeugen. Das Resultat sind Buffets, die nicht nur gesundheitsbewusste Gäste ansprechen, sondern auch jene, die neugierig auf neue und gesunde Ernährungsformen sind.

Regionale und kulturelle Nischen:

Eine kulinarische Weltreise

Ein weiterer bemerkenswerter Trend in der Welt der Buffets ist die Konzentration auf spezifische regionale oder kulturelle Küchen. Diese Nischenbuffets bieten den Gästen die Möglichkeit, in die kulinarischen Traditionen einer bestimmten Region oder Kultur einzutauchen, ohne weit reisen zu müssen. Ob es sich um ein italienisches Buffet handelt, das traditionelle Pasta- und Pizza-Variationen neben Antipasti und Gelato anbietet, oder um ein indisches Buffet, das eine reiche Auswahl an Currys, Naan-Brot und Samosas bereithält – diese spezialisierten Buffets sind Ausdruck der globalen Vernetzung und des zunehmenden Interesses an internationaler Küche.

Besonders in Metropolen und Städten mit einer vielfältigen Bevölkerung sind solche Buffets sehr beliebt. Sie bieten nicht nur Einheimischen die Möglichkeit, in fremde Kulturen einzutauchen, sondern auch Menschen mit Migrationshintergrund, die kulinarischen Traditionen ihrer Heimat auf höchstem Niveau zu genießen. Darüber hinaus fördern solche Buffets ein tieferes Verständnis und eine größere Wertschätzung für die Vielfalt der globalen Küche.

Themenbuffets:

Kulinarische Erlebnisse mit Konzept

Ein besonders kreativer Ansatz innerhalb der Nischenbuffets sind Themenbuffets, die nicht nur bestimmte Küchen oder Diäten, sondern ganze Konzepte oder Erlebnisse in den Mittelpunkt stellen. Diese Buffets sind oft saisonal oder an besondere Anlässe gebunden und bieten den Gästen ein immersives Erlebnis, das über das bloße Essen hinausgeht. Ein Halloween-Buffet könnte beispielsweise Gerichte in ungewöhnlichen Formen und Farben anbieten, die die Gruseligkeit des Feiertags unterstreichen, während ein Sommerbuffet auf frische, leichte Gerichte und eine entspannte Strandatmosphäre setzt.

Themenbuffets bieten Gastronomen die Möglichkeit, ihre Kreativität voll auszuleben und den Gästen ein unvergessliches Erlebnis zu bieten. Sie sind oft mit speziellen Dekorationen, Musik und sogar Live-Darbietungen verbunden, die das Thema des Buffets unterstreichen. Solche Buffets sprechen nicht nur die Geschmacksknospen, sondern alle Sinne an und schaffen ein Gesamterlebnis, das weit über das traditionelle ›All you can eat‹-Modell hinausgeht.

Die Zukunft der Nischenbuffets:

Personalisierung und Vielfalt

Die Entwicklung von Nischenbuffets spiegelt einen breiteren Trend in der Gastronomie wider: den Wunsch nach Personalisierung und Vielfalt. In einer Zeit, in der Konsumenten immer anspruchsvoller werden und ihre individuellen Vorlieben betonen, bieten Nischenbuffets eine Antwort auf diese Bedürfnisse. Die Zukunft dieser Buffets wird wahrscheinlich noch spezialisierter und individueller sein, da Gastronomen weiterhin nach Wegen suchen, um ihre Angebote auf spezifische Zielgruppen zuzuschneiden.

Möglicherweise werden wir in Zukunft Buffets sehen, die nicht nur auf bestimmte Küchen oder Diäten, sondern auch auf spezielle Anlässe, Lebensstile oder sogar persönliche Vorlieben abgestimmt sind. Durch den Einsatz moderner Technologien, wie etwa personalisierter Apps oder digitaler Bestellsysteme, könnten Gäste ihre Buffet-Erfahrung noch weiter an ihre individuellen Bedürfnisse anpassen. Diese Entwicklungen werden nicht nur die Attraktivität von Buffets weiter steigern, sondern auch neue Maßstäbe für kulinarische Erlebnisse setzen.

Eine neue Ära des ›All you can eat‹

Nischenbuffets repräsentieren eine neue Ära des ›All you can eat‹-Konzepts, die sich durch Vielfalt, Spezialisierung und Kreativität auszeichnet. Sie bieten nicht nur eine größere Auswahl und Anpassungsfähigkeit, sondern auch die Möglichkeit, spezifische kulinarische Erlebnisse zu schaffen, die auf die individuellen Bedürfnisse und Vorlieben der Gäste eingehen. Diese Buffets sind mehr als nur eine Ansammlung von Speisen – sie sind Ausdruck einer globalisierten, vernetzten und zunehmend individualisierten Gesellschaft, die das Beste aus allen kulinarischen Welten zu vereinen sucht.

In dieser neuen Ära ist das ›All you can eat‹-Modell nicht mehr nur ein Synonym für Überfluss, sondern auch für Vielfalt, Innovation und bewussten Genuss. Die Nischenbuffets von heute und morgen werden diesen Trend fortsetzen und den Gästen immer neue, spannende und personalisierte kulinarische Erlebnisse bieten.

Das Buffet als kulturelles Phänomen

Unterschiede und Gemeinsamkeiten

Das ›All you can eat‹-Buffet ist heute ein weltweit verbreitetes Phänomen, das in nahezu jeder Kultur auf eine bestimmte Weise adaptiert und interpretiert wird. Obwohl die Grundidee – eine Vielzahl von Speisen zur freien Auswahl und in unbegrenzter Menge anzubieten – universell erscheint, zeigt sich bei genauerem Hinsehen, wie stark dieses Konzept durch die kulturellen Eigenheiten und sozialen Normen der jeweiligen Länder geprägt wird. Die Anpassungen, die das Buffet in verschiedenen Ländern erfahren hat, geben nicht nur Aufschluss über kulinarische Traditionen, sondern auch über die Art und Weise, wie Menschen Essen, Gemeinschaft und Gastfreundschaft verstehen.

Der westliche Ursprung und seine globale Adaption

In den westlichen Ländern, insbesondere in den USA, ist das Buffet als Ausdruck von Überfluss und Freiheit entstanden. Hier steht es sinnbildlich für den amerikanischen Traum: Jeder kann so viel haben, wie er möchte, und niemand wird ausgeschlossen. Die Prämisse des Buffets in Amerika basiert auf der Idee des ›Mehr ist besser‹, was in einer Kultur, die Überfluss und Konsumfreude zelebriert, besonders gut ankommt. Diese Vorstellung hat sich in vielen anderen westlichen Ländern durchgesetzt, wobei die Dekadenz und Vielfalt der angebotenen Speisen oft im Vordergrund stehen.

Doch wie sieht es in anderen Teilen der Welt aus? In Europa, wo die gastronomischen Traditionen tief verwurzelt sind, hat das Buffet eine etwas andere Bedeutung. Hier wird es oft als eine Art kulinarische Reise verstanden, bei der die Gäste die Möglichkeit haben, eine Vielzahl von regionalen und saisonalen Spezialitäten zu probieren. Besonders in den nordischen Ländern, wo das ›Smörgåsbord‹ – ein traditionelles schwedisches Buffet – seine Wurzeln hat, ist das Buffet mehr als nur eine Mahlzeit; es ist ein kulturelles Erlebnis, das Gastfreundschaft, Vielfalt und die Freude am Essen miteinander verbindet.

In Asien hingegen hat das Buffet eine noch andere kulturelle Färbung erhalten. Besonders in Ländern wie Japan und China, wo gemeinsames Essen ein tief verwurzeltes soziales Ritual darstellt, hat das Buffet eine Form angenommen, die stark auf gemeinschaftliches Erleben und Teilen ausgerichtet ist. In vielen asiatischen Buffets liegt der Schwerpunkt auf Frische, Präsentation und Harmonie der Aromen, was im Einklang mit den dortigen Esskulturen steht. Die Gäste schätzen nicht nur die Vielfalt, sondern auch die Sorgfalt, mit der die Speisen zubereitet und präsentiert werden.

Kulinarische Identität und nationale Küche

Ein weiteres handlungsintensives Element der Buffets weltweit ist die Art und Weise, wie sie die kulinarische Identität eines Landes widerspiegeln. In Indien, einem Land mit einer reichen und vielfältigen Esskultur, sind Buffets oft eine Hommage an die unterschiedlichen regionalen Küchen des Landes. Die Gäste können sich an einem einzigen Buffet an Gerichten aus Nordindien, dem Süden, dem Westen und dem Osten des Landes erfreuen – eine Möglichkeit, die Vielfalt des Landes an einem Ort zu erleben. In indischen Buffets findet man eine besondere Betonung auf vegetarischen Gerichten, was die starke Tradition des Vegetarismus in weiten Teilen des Landes widerspiegelt.

In Frankreich, wo die Gastronomie als hohe Kunst gilt, hat sich das Buffet eher in gehobenen Hotel- und Veranstaltungskontexten etabliert. Hier wird weniger auf Quantität und mehr auf Qualität und Raffinesse gesetzt. Ein französisches Buffet könnte eine exquisite Auswahl an Käse, frischen Meeresfrüchten und kunstvoll zubereiteten Desserts bieten, wobei jede Komponente sorgfältig ausgewählt und präsentiert wird. Das Buffet wird hier zu einer Bühne für kulinarische Exzellenz, auf der die französische Küche in ihrer ganzen Pracht zur Schau gestellt wird.

In Mexiko hingegen hat das Buffet eine lebendige und bunte Form angenommen, die die fröhliche und festliche Kultur des Landes widerspiegelt. Die Buffets sind oft geprägt von einer Vielzahl an Farben, Aromen und Texturen, die die Vielfalt der mexikanischen Küche zum Ausdruck bringen. Es ist nicht ungewöhnlich, dass ein mexikanisches Buffet sowohl traditionelle Gerichte wie ›Tamales‹ und ›Pozole‹ als auch moderne Fusionen und Streetfood-Klassiker umfasst, die alle zusammen ein lebhaftes und einladendes kulinarisches Erlebnis schaffen.

Gemeinschaft und soziale Normen

Ein zentraler Aspekt der kulturellen Anpassung des Buffets ist die Rolle, die es im sozialen Miteinander spielt. In vielen Kulturen wird das gemeinsame Essen als eine der wichtigsten sozialen Aktivitäten angesehen, und das Buffet bietet einen Rahmen, in dem diese Aktivität in einer besonders intensiven Form ausgelebt werden kann. Es ermöglicht nicht nur das Teilen von Speisen, sondern auch das Teilen von Erlebnissen und Geschichten.

In China zum Beispiel, wo gemeinsames Essen tief in der Kultur verankert ist, wird das Buffet oft als Gelegenheit gesehen, familiäre und freundschaftliche Bindungen zu stärken. Das Teilen von Speisen, die Vielfalt der angebotenen Gerichte und die Möglichkeit, nach Belieben zuzugreifen, spiegeln die Bedeutung von Großzügigkeit und Gemeinschaft wider. Das Buffet wird hier als Ausdruck des kollektiven Wohlstands und der Freude am Miteinander betrachtet.

In den arabischen Ländern, wo Gastfreundschaft einen hohen Stellenwert hat, hat das Buffet ebenfalls eine besondere Bedeutung erlangt. Hier wird es oft als Zeichen des Respekts und der Wertschätzung gegenüber den Gästen verstanden. Die Fülle und Vielfalt der angebotenen Speisen sind nicht nur Ausdruck des Reichtums des Gastgebers, sondern auch eine Möglichkeit, die Gäste in die kulinarischen Traditionen des Landes einzuführen. Ein arabisches Buffet könnte eine reiche Auswahl an Mezze, gegrillten Fleischsorten und süßen Desserts bieten, die alle in einer Atmosphäre der Großzügigkeit und des Feierns präsentiert werden.

Globalisierung und die Hybridisierung des Buffets

Mit der Globalisierung und der zunehmenden Vermischung von Kulturen hat sich auch das Buffet als kulinarisches Konzept weiterentwickelt. In vielen modernen Buffets findet man heute eine überwältigende Mischung aus verschiedenen Küchen und kulturellen Einflüssen, die ein breites Spektrum an Geschmäckern und Erlebnissen bieten. Diese Hybridisierung spiegelt nicht nur die Globalisierung der Lebensmittelindustrie wider, sondern auch die zunehmende Offenheit der Menschen gegenüber neuen und fremden kulinarischen Traditionen.

Ein Beispiel hierfür sind die sogenannten ›Fusion Buffets‹, die in vielen internationalen Metropolen anzutreffen sind. Diese Buffets kombinieren Elemente aus verschiedenen Küchen zu einem einzigartigen kulinarischen Erlebnis. Ein solches Buffet könnte beispielsweise Sushi neben Tacos und Pizza servieren oder traditionelle indische Currys neben italienischer Pasta anbieten. Diese kulinarische Vielfalt ist nicht nur Ausdruck der Globalisierung, sondern auch ein Zeichen für die zunehmende Offenheit der Menschen gegenüber neuen Geschmackserlebnissen und kulturellen Einflüssen.

Die universelle Sprache des Buffets

Das Buffet, in seiner modernen Form als ›All you can eat‹-Konzept, hat sich zu einem kulturellen Phänomen entwickelt, das in verschiedenen Teilen der Welt unterschiedlich interpretiert und angepasst wird. Es spiegelt die kulinarischen Traditionen, sozialen Normen und kulturellen Werte der jeweiligen Gesellschaft wider und bietet gleichzeitig eine Bühne für die Globalisierung und Hybridisierung der Esskultur.

Trotz aller Unterschiede gibt es jedoch auch universelle Gemeinsamkeiten: Das Buffet steht weltweit für Fülle, Vielfalt und die Freude am gemeinschaftlichen Essen. Es bietet den Menschen die Möglichkeit, sich frei zu bedienen, zu genießen und die kulinarische Vielfalt zu feiern, die unsere Welt zu bieten hat. In einer globalisierten Welt, in der kulturelle Identitäten zunehmend durchmischt und neu definiert werden, bleibt das Buffet eine Konstante – ein Ort, an dem sich Menschen unterschiedlicher Herkunft und Überzeugungen treffen, um das gemeinsame Erlebnis des Essens zu teilen.

Ökologische Aspekte

Nachhaltigkeit und Umweltfragen

Das ›All you can eat‹-Buffet hat sich über die Jahrzehnte hinweg als Symbol für Überfluss und Konsumfreude etabliert. Doch in einer Welt, in der ökologische Nachhaltigkeit und Umweltbewusstsein zunehmend an Bedeutung gewinnen, rückt auch das Konzept des Buffets in den Fokus kritischer Betrachtungen. Die Frage nach der ökologischen Bilanz und den langfristigen Auswirkungen dieses gastronomischen Modells ist komplex und vielschichtig. Im Mittelpunkt der Diskussion stehen dabei die Themen Lebensmittelverschwendung, Energieverbrauch und die Möglichkeiten, das ›All you can eat‹-Konzept umweltfreundlicher zu gestalten.

Lebensmittelverschwendung:

Ein zentrales Problem

Eines der größten Probleme, die mit dem ›All you can eat‹-Buffet einhergehen, ist die immense Lebensmittelverschwendung. Buffets erfordern eine große Menge an zubereiteten Speisen, die ständig aufgefüllt werden müssen, um den Gästen eine breite Auswahl zu bieten. Dieser Überfluss an Lebensmitteln führt oft dazu, dass große Mengen an ungenutzten Speisen am Ende des Tages entsorgt werden. In einer Zeit, in der die globale Nahrungsmittelproduktion bereits unter enormem

Druck steht und Millionen von Menschen weltweit hungern, ist die Verschwendung von Lebensmitteln nicht nur ethisch fragwürdig, sondern auch ökologisch unverantwortlich.

Die Lebensmittelverschwendung beginnt nicht erst auf dem Teller des Gastes. Bereits in der Küche entsteht ein erheblicher Anteil an Abfall, da viele Zutaten nur teilweise verwendet oder vorzeitig aussortiert werden. Zudem neigen Gäste in Buffetrestaurants dazu, mehr auf ihre Teller zu laden, als sie tatsächlich konsumieren können, was zu weiteren Verlusten führt. Untersuchungen haben gezeigt, dass in Buffetrestaurants im Vergleich zu anderen Gastronomiebetrieben deutlich mehr Lebensmittelabfälle anfallen, was die ökologische Bilanz dieses Konzepts stark belastet.

Energieverbrauch und ökologische Bilanz

Neben der Lebensmittelverschwendung ist auch der Energieverbrauch ein bedeutender Faktor bei der Bewertung der ökologischen Nachhaltigkeit von ›All you can eat‹-Buffets. Die Zubereitung und Präsentation der Speisen erfordert nicht nur eine konstante Energiezufuhr für das Kochen und Warmhalten der Gerichte, sondern auch für die Kühlung und Lagerung von Zutaten und Resten. Zudem benötigen die oft großen Räumlichkeiten von Buffetrestaurants eine intensive Beleuchtung und Klimatisierung, was den Energieverbrauch weiter in die Höhe treibt.

Darüber hinaus ist auch der Transport der Lebensmittel ein nicht zu vernachlässigender Aspekt. Die meisten Buffetrestaurants sind auf eine ständige Versorgung mit frischen Zutaten angewiesen, die oft über weite Strecken transportiert werden müssen. Dies erhöht den CO2-Ausstoß und trägt zur Belastung der Umwelt bei. Hinzu kommt, dass viele Buffets exotische oder saisonunabhängige Produkte anbieten, deren Anbau und Transport zusätzliche ökologische Kosten verursachen.

Nachhaltige Alternativen und Verbesserungsmöglichkeiten

Angesichts der offensichtlichen ökologischen Herausforderungen, die das ›All you can eat‹-Konzept mit sich bringt, stellt sich die Frage, wie dieses Modell nachhaltiger gestaltet werden kann. Eine der naheliegendsten Lösungen ist die Reduzierung der Lebensmittelverschwendung. Dies könnte durch eine präzisere Planung der Mengen und eine bessere Abstimmung auf die tatsächlichen Bedürfnisse der Gäste erreicht werden. Einige Restaurants haben bereits begonnen, ihre Buffets in kleineren Chargen nachzufüllen, um sicherzustellen, dass weniger ungenutzte Speisen übrig bleiben.

Ein weiteres vielversprechendes Konzept ist das sogenannte ›Pay-Per-Weight‹-Modell, bei dem die Gäste nicht für den Zugang zum Buffet, sondern für das Gewicht der Speisen auf ihrem Teller bezahlen. Dieses Modell hat sich als wirksam erwiesen, um die Verschwendung zu reduzieren, da die Gäste eher dazu neigen, nur so viel zu nehmen, wie sie auch tatsächlich essen können. Solche Anreize könnten eine wichtige Rolle dabei spielen, das Konsumverhalten zu verändern und die Umweltbelastung zu verringern.

Ein weiterer Ansatz ist die verstärkte Nutzung von lokalen und saisonalen Produkten. Durch den Einsatz von Zutaten, die in der Region angebaut werden und der jeweiligen Jahreszeit entsprechen, kann nicht nur die Qualität der Speisen verbessert, sondern auch der ökologische Fußabdruck des Buffets reduziert werden. Gleichzeitig unterstützt dies die lokale Landwirtschaft und trägt zu einer nachhaltigeren Lebensmittelproduktion bei.

Auch die Energieeffizienz kann in Buffetrestaurants erheblich verbessert werden. Moderne Küchengeräte, die weniger Energie verbrauchen, sowie eine optimierte Beleuchtung und Klimatisierung können den ökologischen Fußabdruck eines Buffets erheblich verringern. Zudem könnte die Umstellung auf erneuerbare Energien ein wichtiger Schritt in Richtung Nachhaltigkeit sein. Einige Restaurants haben bereits begonnen, Solarenergie zu nutzen oder Abwärme aus der Küche wiederzuverwenden, um ihren Energiebedarf zu decken.

Zukunftsperspektiven:

Nachhaltigkeit als Standard

Die Herausforderungen, die mit dem ›All you can eat‹-Buffet in Bezug auf die ökologische Nachhaltigkeit verbunden sind, sind zweifellos groß. Doch die zunehmende Sensibilisierung für Umweltfragen und das wachsende Bewusstsein der Verbraucher für die Auswirkungen ihres Konsumverhaltens bieten auch Chancen für positive Veränderungen. In einer Welt, in der Nachhaltigkeit zunehmend zum Standard wird, könnte sich auch das Buffetkonzept weiterentwickeln und an die ökologischen Anforderungen anpassen.

Es ist zu erwarten, dass in Zukunft immer mehr Buffetrestaurants auf nachhaltige Praktiken setzen werden, sei es durch die Reduzierung von Abfall, die Nutzung erneuerbarer Energien oder die verstärkte Zusammenarbeit mit lokalen Produzenten. Gleichzeitig könnten neue Technologien, wie digitale Bestellsysteme und intelligente Kühlsysteme, dazu beitragen, den Betrieb von Buffets effizienter und umweltfreundlicher zu gestalten.

Letztlich wird die ökologische Nachhaltigkeit des ›All you can eat‹-Buffets auch davon abhängen, wie sich die Gesellschaft insgesamt weiterentwickelt. Wenn es gelingt, ein stärkeres Bewusstsein für die ökologischen Auswirkungen des eigenen Handelns zu schaffen und entsprechende Anreize zu setzen, könnte das Buffet von einem Symbol des Überflusses zu einem Modell für nachhaltigen Konsum werden. Dies würde nicht nur der Umwelt zugutekommen, sondern auch dazu beitragen, die Zukunft des Buffets als kulinarisches Erlebnis zu sichern.

Die Zukunft des ›All you can eat‹

Trends und Prognosen

Das Konzept des ›All you can eat‹-Buffets hat eine lange und vielfältige Geschichte, die von den opulenten Festmählern der Renaissance bis zu den modernen Restaurants von heute reicht. Doch wie wird sich dieses Modell in der Zukunft weiterentwickeln? In einer Welt, die sich ständig wandelt und in der Technologie, Umweltbewusstsein und veränderte Konsumgewohnheiten zunehmend die Gastronomie prägen, steht auch das ›All you can eat‹-Buffet vor neuen Herausforderungen und Möglichkeiten.

Digitalisierung und technologischer Fortschritt

Einer der bedeutendsten Trends, der die Zukunft des ›All you can eat‹-Buffets prägen könnte, ist die fortschreitende Digitalisierung. Schon heute beginnen viele Restaurants, digitale Technologien zu integrieren, um die Effizienz zu steigern und das Kundenerlebnis zu verbessern. In der Zukunft könnten diese Entwicklungen noch weitergehen.

Stellen Sie sich ein Buffet vor, das durch künstliche Intelligenz und datenbasierte Systeme gesteuert wird. Diese Technologien könnten nicht nur den Betrieb optimieren, indem sie die Nachfrage der Gäste in Echtzeit analysieren und die Mengen der bereitgestellten Speisen entsprechend anpassen, sondern auch das individuelle Erlebnis jedes Gastes personalisieren. Digitale Menüs, die über mobile Geräte abgerufen werden können, könnten den Gästen detaillierte Informationen über die angebotenen Gerichte liefern, einschließlich Herkunft der Zutaten, Nährwertinformationen und sogar Vorschläge für passende Getränke.

Ein weiterer Aspekt der Digitalisierung könnte in der Automatisierung von Prozessen liegen. Roboter, die Speisen zubereiten, anrichten und den Gästen präsentieren, sind keine bloße Science-Fiction mehr. In einigen Vorreiterrestaurants werden solche Technologien bereits getestet. Diese Innovationen könnten nicht nur die Effizienz und Konsistenz der Speisenqualität verbessern, sondern auch die Betriebskosten senken und gleichzeitig den Gästen ein einzigartiges und futuristisches Erlebnis bieten.

Nachhaltigkeit als treibende Kraft

In einer Welt, die zunehmend von den Auswirkungen des Klimawandels geprägt ist, wird Nachhaltigkeit in der Gastronomie zu einem immer wichtigeren Thema. Das ›All you can eat‹-Buffet, oft kritisiert wegen seiner Verschwendung und seines hohen Ressourcenverbrauchs, wird sich dieser Herausforderung stellen müssen, um in der Zukunft bestehen zu können.

Ein zentraler Aspekt der zukünftigen Entwicklung könnte die Einführung von umweltfreundlicheren Praktiken sein. Dazu gehört die Minimierung von Lebensmittelverschwendung, etwa durch smartere Planung und kleinere Portionsgrößen. Ein

mögliches Szenario wäre die verstärkte Nutzung von Technologien, die Lebensmittelverschwendung in Echtzeit überwachen und reduzieren, indem sie die Mengen automatisch an die
tatsächliche Nachfrage anpassen.

Zudem könnte die Bedeutung von regionalen und saisonalen
Produkten weiter zunehmen. Restaurants, die sich auf die Ver-
wendung lokaler Zutaten konzentrieren und gleichzeitig trans-
parente Lieferketten fördern, könnten nicht nur ihre ökologische Bilanz verbessern, sondern auch ein stärkeres Bewusstsein
für die Qualität und Herkunft der Speisen schaffen. Dies könnte insbesondere in Zeiten wachsender Nachfrage nach nachhaltigen und ethisch produzierten Lebensmitteln ein entscheidender Wettbewerbsfaktor werden.

Auch das Thema Verpackungsmüll könnte in Zukunft eine
Rolle spielen, besonders in Buffetrestaurants, die sich auf
Takeaway-Angebote spezialisieren. Mehrwegverpackungen,
biologisch abbaubare Materialien und innovative Recyclinglö-
sungen könnten zur Norm werden und den ökologischen Fußabdruck des ›All you can eat‹-Modells weiter verringern.

Gesundheit und Wellness:

Ein neuer Fokus

Während das ›All you can eat‹-Buffet traditionell für Überfluss und Genuss steht, könnte sich in der Zukunft ein stärke-
rer Fokus auf Gesundheit und Wellness herausbilden. Angesichts einer wachsenden Zahl gesundheitsbewusster Konsu-

menten könnten Buffetrestaurants ihre Angebote diversifizieren und sich verstärkt auf nährstoffreiche, kalorienbewusste und spezielle diätetische Optionen konzentrieren.

Vorstellbar sind Buffets, die sich auf bestimmte Ernährungsweisen spezialisieren, wie beispielsweise Low-Carb-, vegane oder ketogene Diäten. Solche Angebote könnten in der Lage sein, eine neue Zielgruppe anzusprechen und das Image des Buffets von einer reinen Schlemmerveranstaltung zu einem Ort der gesunden und bewussten Ernährung zu wandeln.

Ein weiterer Trend könnte die Integration von Wellness- und Gesundheitskonzepten sein, etwa durch die Zusammenarbeit mit Ernährungsberatern, die Gästen vor Ort oder digital Tipps für eine ausgewogene Ernährung geben. In Kombination mit der Personalisierung durch digitale Technologien könnten solche Ansätze dazu beitragen, das Buffet als einen Ort des individuellen und ganzheitlichen Wohlbefindens neu zu definieren.

Kulturelle Anpassungen und Globalisierung

Mit der fortschreitenden Globalisierung und der zunehmenden kulturellen Durchmischung könnten auch Buffets in der Zukunft eine größere Vielfalt an internationalen Küchen und kulturellen Einflüssen bieten. In einer Welt, die immer vernetzter wird, könnten Buffets nicht nur verschiedene kulinarische Traditionen zusammenbringen, sondern auch als Plattformen für kulturellen Austausch und gemeinschaftliche Erlebnisse dienen.

Es ist denkbar, dass in Zukunft Buffets entstehen, die sich auf bestimmte regionale Küchen oder kulinarische Erlebnisse spezialisieren, etwa asiatische, afrikanische oder lateinamerikanische Themenbuffets, die authentische Speisen und kulturelle Elemente miteinander verbinden. Solche Angebote könnten besonders in Metropolen mit einem hohen Anteil an internationalem Publikum und Touristen beliebt werden und den Gästen eine Möglichkeit bieten, verschiedene Kulturen auf kulinarischem Wege zu entdecken.

Eine wandelbare Institution

Das ›All you can eat‹-Buffet wird auch in Zukunft ein fester Bestandteil der gastronomischen Landschaft bleiben, doch es wird sich an die veränderten Bedürfnisse und Erwartungen der Gesellschaft anpassen müssen. Die Digitalisierung, Nachhaltigkeit, Gesundheitstrends und kulturelle Anpassungen werden entscheidende Faktoren sein, die die Entwicklung dieses Konzepts prägen werden.

Während einige traditionelle Aspekte des Buffets bestehen bleiben werden, wie die große Auswahl und die Freiheit der Gäste, wird es auch viele Veränderungen und Innovationen geben, die das Erlebnis neu definieren. In einer Welt, die sich ständig weiterentwickelt, wird auch das ›All you can eat‹-Buffet nicht stillstehen, sondern sich als flexible und anpassungsfähige Institution erweisen, die stets auf der Suche nach neuen Wegen ist, um den Wünschen und Bedürfnissen der Gäste gerecht zu werden.

›All you can eat‹ in Zeiten der Pandemie

Anpassung und Resilienz

Die COVID-19-Pandemie hat nahezu jeden Aspekt des täglichen Lebens beeinflusst, und die Gastronomie war dabei eine der am härtesten getroffenen Branchen. Restaurants weltweit mussten ihre Türen schließen, Geschäftsmodelle überdenken und sich auf eine neue Realität einstellen. Für das ›All you can eat‹-Buffet, das traditionell auf großzügige Selbstbedienung und gesellige Atmosphäre setzt, stellte die Pandemie eine besondere Herausforderung dar. In diesem Kapitel wird untersucht, wie sich das Buffet-Konzept in Zeiten der Pandemie verändert hat und welche Anpassungen notwendig wurden, um in einer neuen Ära der Gastronomie überleben zu können.

Die Herausforderung:

Ein Konzept in der Krise

Buffets stehen für Freiheit, Fülle und eine Vielzahl an Auswahlmöglichkeiten. Diese Aspekte, die das ›All you can eat‹-Modell so attraktiv machen, wurden jedoch während der Pandemie zu seinen größten Schwächen. Die offene Präsentation von Speisen, der gemeinsame Gebrauch von Utensilien und die Nähe der Gäste zueinander widersprachen den fundamentalen Prinzipien der Pandemiebekämpfung: Abstand, Hygiene und Kontaktvermeidung.

Mit dem Ausbruch der Pandemie standen Buffetrestaurants vor einer existenziellen Krise. Viele mussten vorübergehend schließen, andere suchten verzweifelt nach Alternativen, um weiterhin Gäste bedienen zu können. Die unmittelbaren Herausforderungen waren gewaltig: Wie sollte man ein Konzept aufrechterhalten, das auf Nähe und gemeinschaftlicher Erfahrung basiert, in einer Zeit, in der Isolation und Schutz vor Ansteckung oberste Priorität hatten?

Kreative Anpassungen und innovative Lösungen

Trotz der schwierigen Ausgangslage zeigte sich die Buffetbranche bemerkenswert anpassungsfähig. In vielerlei Hinsicht trieb die Pandemie die Innovation voran und führte zu kreativen Lösungen, die möglicherweise auch langfristig Bestand haben könnten. Eine der ersten und offensichtlichsten Anpassungen war die Einführung strenger Hygienemaßnahmen. Viele Buffetrestaurants reagierten schnell, indem sie Personal einsetzten, das die Speisen für die Gäste auflegte, um den Kontakt mit den Utensilien zu minimieren. Diese Maßnahme, die zunächst als Notlösung gedacht war, bot den Gästen ein Gefühl von Sicherheit, ohne das Buffet-Erlebnis völlig zu verändern.

Ein weiterer wichtiger Schritt war die Umstellung auf kontaktlose und digitale Lösungen. Viele Restaurants führten digitale Menüs ein, die per QR-Code auf den Smartphones der Gäste aufgerufen werden konnten, um die Berührung von physischen Karten zu vermeiden. In einigen Fällen wurde das traditionelle Buffet durch eine digitale Bestellung ersetzt, bei der die Gäste ihre Auswahl über Tablets oder Apps treffen und das Essen direkt an den Tisch geliefert bekamen. Diese Hybridmodelle vereinten die Vielfalt des Buffets mit der Sicherheit eines Tischservices.

Eine besonders innovative Anpassung war die Einführung von ›Buffet-Boxen‹ oder ›Buffet-Paketen‹, die den Gästen ermöglichten, eine Auswahl an Gerichten zusammenzustellen und mit nach Hause zu nehmen. Diese Angebote richteten sich an diejenigen, die das Buffet-Erlebnis auch in Zeiten der sozialen Distanzierung nicht missen wollten. Diese Takeaway-Lösungen waren nicht nur praktisch, sondern ermöglichten es den Restaurants auch, ihre Umsätze in einer Zeit aufrechtzuerhalten, in der der traditionelle Buffetbetrieb stark eingeschränkt war.

Der langfristige Wandel:

Nachhaltigkeit und Effizienz

Die Pandemie brachte nicht nur kurzfristige Anpassungen, sondern führte auch zu einem langfristigen Umdenken in der Buffetbranche. Besonders das Thema Nachhaltigkeit rückte in den Fokus, da viele Betreiber erkannten, dass die Reduzierung von Lebensmittelverschwendung nicht nur ökologisch sinnvoll, sondern auch wirtschaftlich vorteilhaft ist. Die während der Pandemie eingeführten kleineren Portionen und maßgeschneiderte Bestellungen könnten sich als zukunftsweisend erweisen, indem sie sowohl den Bedürfnissen der Gäste nach Frische und Auswahl als auch den ökologischen Anforderungen gerecht werden.

Zudem wird die Effizienz der Betriebsabläufe weiterhin ein zentrales Thema bleiben. Die Digitalisierung des Buffets und die Automatisierung bestimmter Prozesse, die während der Pandemie an Bedeutung gewonnen haben, könnten auch nach der Krise Bestand haben. Diese Technologien ermöglichen es den Betreibern, flexibler und effizienter auf die Nachfrage zu reagieren, was in einer Welt, die sich zunehmend an Unsicherheiten gewöhnen muss, von unschätzbarem Wert sein kann.

Resilienz und die Zukunft des Buffets

Die Resilienz der Buffetbranche während der Pandemie zeigt sich in ihrer Fähigkeit, sich an extreme Bedingungen anzupassen und dabei neue Wege zu finden, um ihre Kernidee zu bewahren: Vielfalt, Auswahl und das Gefühl von Fülle. Die Lektionen, die aus der Pandemie gezogen wurden, könnten das ›All you can eat‹-Buffet für die Zukunft stärken und es in die Lage versetzen, auch in Zeiten des Wandels relevant zu bleiben.

Ein zentraler Aspekt dieser Resilienz ist das Bewusstsein, dass Flexibilität der Schlüssel zum Überleben ist. Das Buffet, wie es vor der Pandemie existierte, mag in vielen Aspekten Vergangenheit sein, aber die Essenz dieses Konzepts – die Freiheit der Wahl und die Möglichkeit, sich nach Belieben zu bedienen – bleibt erhalten, wenn auch in angepasster Form. Ob durch kleinere Portionen, personalisierte Bestellungen oder digitale

Lösungen, das Buffet wird sich den neuen Anforderungen anpassen müssen, ohne dabei seine Identität zu verlieren.

Eine Branche im Wandel

Die COVID-19-Pandemie hat die Welt und die Gastronomie nachhaltig verändert, aber sie hat auch gezeigt, dass das ›All you can eat‹-Buffet mehr als nur ein Relikt vergangener Zeiten ist. Durch kreative Anpassungen, innovative Technologien und eine verstärkte Fokussierung auf Nachhaltigkeit und Effizienz hat sich das Buffet neu erfunden und wird auch in Zukunft eine Rolle spielen, wenn auch in einer anderen Form.

Die Pandemie war ein Katalysator für Veränderungen, die längst überfällig waren, und die Lehren daraus könnten das Buffet-Konzept auf lange Sicht verbessern. Die Fähigkeit der Branche, diese Herausforderungen zu meistern, zeigt, dass das ›All you can eat‹-Buffet weiterhin ein Teil unserer kulinarischen Landschaft sein wird, wenn auch in einer Form, die besser an die Bedürfnisse und Erwartungen der postpandemischen Welt angepasst ist.

Persönliche Erlebnisse

Geschichten und Anekdoten

Das ›All you can eat‹-Buffet ist mehr als nur ein gastronomisches Konzept – es ist ein Schauplatz menschlicher Erlebnisse, eine Bühne für Geschichten, die oft so vielfältig sind wie die Gerichte, die darauf angeboten werden. In diesem Kapitel sammeln wir Anekdoten und Erfahrungen von Gästen, Betreibern und Mitarbeitern, die die Abwechslung und den Reiz dieser kulinarischen Institution lebendig werden lassen.

Der erste Gang:

Erwartungen und Überraschungen

Für viele Gäste beginnt der Besuch eines ›All you can eat‹-Buffets mit einer Mischung aus Vorfreude und Neugier. Die Möglichkeit, nach Belieben aus einer Vielzahl von Gerichten zu wählen, weckt unterschiedliche Erwartungen. Einige Gäste treten mit einem strategischen Plan an das Buffet heran: Sie haben sich vorgenommen, bestimmte Gerichte auszuprobieren oder die besten Stücke nicht zu verpassen. Andere hingegen lassen sich einfach treiben, erkunden das Angebot und nehmen, was sie anspricht.

Ein Betreiber eines bekannten Buffets in Las Vegas erinnert sich an einen besonderen Stammgast, der immer mit einer detaillierten Liste kam. Er hatte sich die Mühe gemacht, eine Rangfolge seiner Lieblingsspeisen zu erstellen, die er systematisch abarbeitete. »Es war beeindruckend zu sehen, wie er mit militärischer Präzision vorging. Er wusste genau, was er wollte, und ließ sich von nichts ablenken«, berichtet der Betreiber mit einem Schmunzeln. »Für ihn war das Buffet wie ein persönliches Abenteuer, das er bis ins Detail plante.«

Aber nicht jeder Besuch verläuft nach Plan. Eine junge Frau erzählt von ihrem ersten Besuch in einem gehobenen Buffet-Restaurant, bei dem sie sich von der schieren Vielfalt überfordert fühlte. »Ich hatte mich so auf das Essen gefreut, aber als ich dort stand, wusste ich einfach nicht, wo ich anfangen sollte. Es gab zu viel Auswahl! Am Ende landete ich mit einem Teller voller verschiedener Desserts – und keiner davon passte wirklich zusammen.« Ihre Geschichte zeigt, dass die Fülle eines Buffets ebenso verwirrend wie unglaublich sein kann.

Die Kunst der Zurückhaltung:

Betreiber und Mitarbeiter im Hintergrund

Auch für die Betreiber und Mitarbeiter eines ›All you can eat‹-Buffets birgt der tägliche Betrieb eine Fülle an Geschichten. Sie stehen im Hintergrund, sorgen dafür, dass alles reibungslos läuft, und erleben dabei viele unerwartete Momente.

Ein Buffetmanager aus New York erzählt von einer ungewöhnlichen Begebenheit mit einem Gast, der jeden Tag zur gleichen Zeit kam und stets die gleichen Gerichte verlangte.

»Er war so beständig wie ein Uhrwerk«, erinnert sich der Manager. »Eines Tages jedoch war eines seiner Lieblingsgerichte nicht verfügbar, und er war völlig fassungslos. Er hatte so fest mit dieser Routine gerechnet, dass jede Abweichung für ihn wie eine kleine Katastrophe war. Es war ein guter Moment, um zu erkennen, wie sehr manche Gäste sich auf das Buffet als Teil ihrer täglichen Struktur verlassen.«

Für die Mitarbeiter, die das Buffet betreuen, sind die Gäste oft ebenso interessant wie die Speisen, die sie servieren. Eine Kellnerin aus einem großen Hotel in Miami berichtet von einem älteren Ehepaar, das jeden Sonntag zum Brunch kam und sich immer an denselben Tisch setzte. »Sie teilten sich jeden Gang, probierten alles zusammen und kommentierten dabei jeden Bissen. Es war, als ob sie das Buffet als eine Art gemeinsames Projekt betrachteten. Ihre Gespräche waren immer so liebevoll, dass es eine Freude war, ihnen zuzusehen.«

Überraschungen am Buffet:

Wenn Unvorhergesehenes passiert

Buffets sind nicht nur Orte des Konsums, sondern auch Schauplätze für das Unerwartete. Diese Unvorhersehbarkeit verleiht ihnen einen besonderen Reiz – für Gäste wie für Betreiber.

Ein Koch aus einem beliebten chinesischen Buffet in San Francisco erzählt von einer unvergesslichen Episode, bei der ein kleiner Junge versehentlich das komplette Schokoladenfondue umstieß. »Die Schokolade war überall, und die Eltern des Jungen waren völlig außer sich. Aber anstatt verärgert zu sein, lachten die anderen Gäste – und sogar der Junge selbst. Am Ende halfen uns die Gäste, alles sauber zu machen, und wir bereiteten schnell eine neue Portion Fondue zu. Es war chaotisch, aber irgendwie auch schön zu sehen, wie ein so kleines Missgeschick alle näher zusammenbrachte.«

In einem anderen Fall erinnert sich eine Betreiberin aus einem bayerischen Hotel an eine Anekdote, bei der ein Gast versehentlich die gesamte Dekoration eines Buffets – eine kunstvoll arrangierte Obstskulptur – herunterriss. »Es war eigentlich ein Desaster, aber der Gast war so beschämt, dass er anbot, die Skulptur selbst wieder aufzubauen. Wir erlaubten es ihm, und obwohl es nicht ganz so professionell aussah wie vorher, hatten alle viel Spaß dabei. Am Ende hatten wir eine neue Geschichte, die wir jedes Mal erzählten, wenn wir eine ähnliche Dekoration aufbauten.«

Die zwischenmenschliche Seite:

Buffet als sozialer Knotenpunkt

Ein oft übersehener Aspekt von ›All you can eat‹-Buffets ist ihre Rolle als soziale Treffpunkte. Sie sind Orte, an denen Menschen zusammenkommen, um gemeinsam zu essen, zu reden und zu genießen. Besonders bei großen Familienfeiern oder Firmenveranstaltungen spielen Buffets eine zentrale Rolle, da sie eine ungezwungene Atmosphäre bieten, in der sich jeder nach Belieben bedienen kann.

Eine Eventmanagerin aus Berlin erzählt von einem Firmenjubiläum, bei dem das Buffet das Highlight des Abends war. »Es war überwältigend zu beobachten, wie die Kollegen sich um die verschiedenen Stationen verteilten, sich unterhielten und lachten. Das Buffet war der ideale Eisbrecher – es sorgte dafür, dass sich alle wohlfühlten und die Gespräche in Gang kamen. Es zeigte sich, dass Essen wirklich verbindet.«

Ein Gast erinnert sich an eine besondere Familienfeier, bei der das Buffet zum Ort der Versöhnung wurde. »Meine Schwester und ich hatten uns jahrelang nicht gesehen und waren zerstritten. Aber als wir zusammen am Buffet standen und uns über die Auswahl unterhielten, schmolz das Eis. Es war, als ob das gemeinsame Essen uns daran erinnerte, was wirklich zählt. Am Ende des Abends hatten wir uns versöhnt und lachten zusammen wie früher.«

Buffets als Bühne menschlicher Erlebnisse

Die Geschichten und Anekdoten, die rund um das ›All you can eat‹-Buffet entstehen, sind ebenso vielfältig wie die Menschen, die sie erleben. Von strategischen Essensplänen über chaotische Missgeschicke bis hin zu herzlichen Begegnungen – Buffets bieten eine Bühne für menschliche Erfahrungen in all ihren Facetten. Sie sind Orte, an denen nicht nur der Magen, sondern auch das Herz gefüllt wird, und sie erinnern uns daran, dass das Essen immer auch eine soziale, verbindende Kraft besitzt.

Diese Erlebnisse zeigen, dass das Buffet mehr ist als nur eine Ansammlung von Speisen – es ist ein Mikrokosmos des Lebens selbst, in dem die alltäglichen und die besonderen Momente miteinander verschmelzen. Und genau darin liegt die wahre Faszination und Magie des ›All you can eat‹-Buffets.

Fazit

Die kulturelle Bedeutung des ›All you can eat‹

Das ›All you can eat‹-Konzept hat sich in den letzten Jahrzehnten von einer simplen gastronomischen Idee zu einem Symbol für die Esskultur der modernen Gesellschaft entwickelt. Was als clevere Geschäftsstrategie begann, ist inzwischen ein kulturelles Phänomen, das weit über das bloße Sattwerden hinausgeht. In diesem abschließenden Kapitel werfen wir einen Blick auf die tiefere Bedeutung dieses Konzepts und reflektieren über dessen Vermächtnis in unserer Zeit.

Ein Spiegel der Gesellschaft

Das ›All you can eat‹-Buffet ist mehr als nur eine Möglichkeit, unbegrenzt zu speisen – es ist ein Spiegelbild der modernen Konsumgesellschaft. Es verkörpert das Streben nach Vielfalt, Auswahl und Selbstbestimmung, das in vielen Bereichen unseres Lebens zu finden ist. In einer Welt, die zunehmend von Individualismus geprägt ist, bietet das Buffet die perfekte Metapher: Jeder Gast entscheidet selbst, was er will, wie viel er will und in welcher Reihenfolge er es haben möchte.

Diese Freiheit der Wahl steht im Kontrast zu früheren Esskulturen, in denen die Mahlzeiten strenger geregelt waren und oft durch soziale Normen oder materielle Knappheit eingeschränkt wurden. Das ›All you can eat‹-Buffet symbolisiert den

Übergang zu einer Zeit, in der Überfluss und das Recht auf individuelle Auswahl zu zentralen Werten geworden sind. Es reflektiert die Wertschätzung für persönliche Autonomie und die Möglichkeit, den eigenen Wünschen und Vorlieben uneingeschränkt nachzugehen.

Die Bedeutung der Gemeinschaft

Trotz seiner Betonung auf individuelle Freiheit trägt das Buffet auch eine tiefere soziale Bedeutung in sich. Es ist ein Ort der Begegnung, an dem Menschen zusammenkommen, um gemeinsam zu essen, zu teilen und Zeit miteinander zu verbringen. In einer zunehmend fragmentierten Gesellschaft, in der viele Menschen in Isolation leben oder in ihrer täglichen Routine gefangen sind, bieten Buffets eine Gelegenheit, Gemeinschaft zu erleben.

Das gemeinsame Essen am Buffet schafft eine Verbindung zwischen den Menschen, unabhängig von ihrem sozialen Hintergrund oder ihren persönlichen Umständen. Es bringt Familien, Freunde und sogar Fremde zusammen und fördert ein Gefühl der Zusammengehörigkeit, das in der modernen Welt oft schwer zu finden ist. Diese gemeinschaftliche Dimension des ›All you can eat‹ erinnert uns daran, dass Essen immer auch eine soziale, kulturelle und emotionale Komponente hat.

Konsumkultur und Überfluss

Das ›All you can eat‹-Konzept wirft auch Fragen über die Kultur des Überflusses auf, die in vielen modernen Gesellschaften vorherrscht. Die Möglichkeit, so viel zu essen, wie man möchte, kann als Symbol für die verschwenderische Haltung interpretiert werden, die oft mit Wohlstandsgesellschaften einhergeht. Der Überfluss, der hier gefeiert wird, steht im krassen Gegensatz zur Realität vieler Menschen auf der Welt, die unter Nahrungsmangel leiden.

Diese Dichotomie führt zu ethischen und ökologischen Fragen, die nicht ignoriert werden können. In einer Zeit, in der Nachhaltigkeit und verantwortungsbewusster Konsum immer mehr an Bedeutung gewinnen, stellt das ›All you can eat‹-Konzept eine Herausforderung dar. Es zwingt uns, über die Konsequenzen unseres Konsumverhaltens nachzudenken und darüber, wie wir einen Ausgleich zwischen Genuss und Verantwortung finden können.

Vermächtnis und Zukunft

Das Vermächtnis des ›All you can eat‹-Konzepts ist komplex und vielschichtig. Es hat die Art und Weise, wie wir über Essen denken, maßgeblich geprägt und wird wahrscheinlich auch in Zukunft eine wichtige Rolle in der Gastronomie spielen. Gleichzeitig steht es für die Herausforderungen, die mit unserer Konsumkultur verbunden sind, und fordert uns auf, über die sozialen, ökologischen und gesundheitlichen Auswirkungen nachzudenken.

Die Zukunft des ›All you can eat‹-Buffets wird von diesen Reflexionen geprägt sein. Technologische Innovationen, veränderte gesellschaftliche Werte und das wachsende Bewusstsein für Nachhaltigkeit werden das Konzept weiterentwickeln und an die Anforderungen der modernen Welt anpassen. In gewisser Weise bleibt das Buffet jedoch ein zeitloses Symbol für die menschliche Erfahrung – eine Erfahrung, die Genuss, Freiheit, Gemeinschaft und Verantwortung miteinander verbindet.

Schlussgedanken

Das ›All you can eat‹-Konzept hat sich tief in das kulturelle Gedächtnis der modernen Gesellschaft eingegraben. Es steht für das Streben nach Freiheit und Vielfalt, für das Bedürfnis nach Gemeinschaft und für die Herausforderung, verantwortungsvoll mit dem Überfluss umzugehen. Es ist ein Ausdruck der Werte und Widersprüche unserer Zeit und bietet eine Plattform für die Auseinandersetzung mit den grundlegenden Fragen des menschlichen Daseins.

In einer Welt, die sich ständig verändert, bleibt das ›All you can eat‹-Buffet ein schockierendes Phänomen, das uns nicht nur satt macht, sondern auch zum Nachdenken anregt. Es fordert uns heraus, unsere Einstellung zum Essen, zum Konsum und zur Gemeinschaft zu überdenken und inspiriert uns dazu, neue Wege zu finden, diese Aspekte in Einklang zu bringen. So wird das ›All you can eat‹ nicht nur ein Spiegelbild der Gegenwart, sondern auch ein Wegweiser für die Zukunft.

Über den Autor

Lutz Spilker wurde im Jahre 1955 in Duisburg geboren.

Bevor er zum Schreiben von Romanen und Dokumentationen fand, verließen bisher unzählige Kurzgeschichten, Kolumnen und Versdichtungen seine Feder.

In seinen Büchern befasst er sich vorrangig mit dem menschlichen Bewusstsein und der damit verbundenen Wahrnehmung. Seine Grenzen sind nicht die, welche mit der Endlichkeit des Denkens, des Handelns und des Lebens begrenzt werden, sondern jene, die der empirischen Denkform noch nicht unterliegen.

Es sind die Möglichkeiten des Machbaren, die Dinge, welche sich allein in der Vorstellung eines jeden Menschen darstellen und aufgrund der Flüchtigkeit des Geistes unbewiesen bleiben. Die Erkenntnis besitzt ihre Gültigkeit lediglich bis zur Erlangung einer neuen und die passiert zu jeder weiteren Sekunde.

Die Welt von Lutz Spilker beginnt dort, wo zu Beginn allen Seins nichts Fassbares war, als leerer Raum. Kein Vorne, kein Hinten, kein Oben und kein Unten. Kein Glaube, kein Wissen, keine Moral, keine Gesetze und keine Grenzen. Nichts.

In Lutz Spilkers Romanen passieren heimtückische Morde ebenso wie die Zauber eines Märchens. Seine Bücher sind oftmals Thriller, Krimi, Abenteuer, Science Fiction, Fantasy und selbst Love-Story in einem.

»Ich liebe die Sprache: Sie vermag zu streicheln, zu liebkosen und zu Tränen zu rühren. Doch sie kann ebenso stachelig sein, wie der Dorn einer Rose und mit nur einem Hieb zerschmettern.«

In dieser Reihe sind bisher erschienen

Die Erfindung der Langeweile
Die Erfindung des Menschen
Die Erfindung des Geldes
Die Erfindung des Teufels
Die Erfindung des Erfolgs
Die Erfindung der Sterblichkeit
Die Erfindung der Lüge
Die Erfindung der Freiheit
Die Erfindung des Todes
Die Erfindung der Welt
Die Erfindung des Inselmenschen
Die Erfindung der Zeit
Die Erfindung der Seele
Die Erfindung der Politik
Die Erfindung des Gewissens
Die Erfindung der Religion
Die Erfindung der Schuld
Die Erfindung der Gerechtigkeit
Die Erfindung des Friedens
Die Erfindung des Selbstgesprächs
Die Erfindung der Zukunft
Die Erfindung der Pornographie
Die Erfindung der Verschwendung
Die Erfindung des Erwachsenseins
Die Erfindung der Hölle
Die Erfindung der Überbevölkerung
Die Erfindung des Himmels
Die Erfindung der Monarchie
Die Erfindung der Unterhaltung
Die Erfindung der Sprache
Die Erfindung der Musik
Die Erfindung der Wiedergeburt
Die Erfindung des Zufalls
Die Erfindung der Namen
Die Erfindung des Bewusstseins

Die Erfindung des freien Willens
Die Erfindung des Wahrsagens
Die Erfindung der Körpersprache
Die Erfindung des Schlafs
Die Erfindung der Sklaverei
Die Erfindung der Angst
Die Erfindung der Vernunft
Die Erfindung des Vollmonds
Die Erfindung des Vitamin B
Die Erfindung des Make-Up
Die Erfindung des Weihnachtsfestes
Die Erfindung des Ku-Klux-Klan
Die Erfindung des Träumens
Die Erfindung der Flaschenpost
Die Erfindung der Mafia
Die Erfindung der Freimaurer
Die Erfindung der Freibeuter
Die Erfindung der Raumfahrt
Die Erfindung der Tempelritter
Die Erfindung des ADHS-Syndroms
Die Erfindung der Homöopathie
Die Erfindung der Freizeitparks
Die Erfindung des Werwolfs
Die Erfindung des Astralkörpers
Die Erfindung des Zölibats
Die Erfindung des Herkules
Die Erfindung des Vampirs
Die Erfindung der Philosophie
Die Erfindung des Bieres
Die Erfindung der Geister
Die Erfindung des Ungeheuers von Loch Ness
Die Erfindung der Prä-Astronautik
Die Erfindung des Voodoo
Die Erfindung des Stierkampfs
Die Erfindung des Sinns des Lebens
Die Erfindung des Einhorns
Die Erfindung von Atlantis

Zeitfracht Medien GmbH
Ferdinand-Jühlke-Straße 7
99095 Erfurt, Deutschland
produktsicherheit@kolibri360.de